ESCRITURA CREATIVA

Actividades para producir textos significativos en ELE

RECURSOS PARA EL AULA

ESCRITURA CREATIVA

Actividades para producir textos significativos en ELE

Christine FRANK
Mario RINVOLUCRI
Pablo MARTÍNEZ GILA

ele
Español Lengua Extranjera

SGEL

Primera edición, 2012

Produce: SGEL – Educación
Avda. Valdelaparra 29
28108 Alcobendas (MADRID)

Título original en inglés: Creative Writing. Activities to help students produce meaningful texts

Directora de la colección: Jane Arnold
Edición: Mise García y María Luisa Bagaces
Diseño de cubierta e interiores: Alexandre Lourdel
Maquetación: Alexandre Lourdel

ISBN: 978-84-9778-667-6
Depósito legal: M. 11.370-2012
Printed in Spain – Impreso en España
Impresión: Closas-Orcoyen, S. L.

Dedicado a John Morgan, compañero de trabajo y amigo

Agradecimientos

Quiero dar las gracias al grupo DUET, que considera la escritura creativa como una parte fundamental en sus cursos universitarios de Literatura inglesa, por un magnífico taller al que tuve la oportunidad de asistir hace diez años en Norwich.

Gracias también a todos los profesores y alumnos de idiomas que me han escrito numerosas cartas a lo largo de estos años por ayudarme a ir construyendo un «ambiente de escritura» en mi cabeza. Por último, me gustaría expresar mi más sincero agradecimiento al estimulante grupo de profesores con el que trabajé en Canterbury durante el verano de 2006 en el primer curso de Escritura Creativa de Pilgrims.

Mario

Gracias a Karl FRANK por su interés y su apoyo, y a todos los profesores y estudiantes que en tantas partes del mundo han puesto en práctica nuestras propuestas.

Christine

Gracias a Carmen HIGUERAS sin cuyas ideas y paciencia hubiera sido imposible la adaptación de este libro al español. Gracias también a Ana ÁLVAREZ, por su trabajo que ha ido mucho más allá de la mera traducción del texto. Y, por supuesto, gracias a Jane.

Pablo

Contenidos

SECCIÓN 3 ▸ ESCRITURA EN GRUPO

SECCIÓN 4 ▸ ESCRIBIR REPRESENTANDO UN PAPEL

SECCIÓN 5 ▸ ESCRITURA INTRAPERSONAL

SECCIÓN 6 ▸ ESCRITURA GENERAL

SECCIÓN 7 ▸ EDICIÓN

Introducción

MENÚ

- ¿Por qué escribir en clase?
- Crear un clima de escritura
- Descubra cómo son sus estudiantes como escritores
- Lugares en los que este libro puede no ser necesario
- La naturaleza de la escritura centrada en el lector
- ¿Escribir en clase o escribir como deberes?
- Una propuesta de un modelo para los que aprenden a escribir
- ¿Qué contiene este libro?
- Usar internet
- Compartir las ideas de este libro con profesores de la lengua materna de los alumnos
- Disfrute usando este libro

¿POR QUÉ ESCRIBIR EN CLASE?

Durante los últimos quince años el papel de la escritura como una parte integral del proceso de aprendizaje ha cambiado radicalmente. Antes se veía la escritura, en muchos casos, como un recurso para evaluar ciertos aspectos de gramática y vocabulario, y la llamada «escritura libre» se usaba para valorar si los estudiantes habían dado con éxito el salto entre los ejercicios controlados y la producción textual no controlada. Poca atención se prestaba a aspectos esenciales tales como por qué los estudiantes querían escribir, qué papel adoptaban cuando escribían y la importancia de un lector o destinatario que no fuera el profesor. El profesor se veía principalmente como un evaluador de la lengua misma. Afortunadamente, sin embargo, hoy en día vemos a alumnos en muchas clases involucrados en escribir para, con o sobre el otro. Nosotros como autores creemos que es esta la forma correcta de proceder y es también lo que nos ha animado a recopilar ideas a partir de nuestra experiencia en el aula.

CREAR UN CLIMA DE ESCRITURA

Creemos que al mismo tiempo que dentro de la escuela hacemos del aula una isla en la que es normal **hablar y escuchar** en español, también tiene sentido crear un clima de **escritura comunicativa**.

Al escribir esto, somos conscientes de que algunos profesores que hacen que sus estudiantes interactúen en español en clase, se conforman con poner cualquier tipo de ejercicio de escritura no comunicativo. Pueden, por ejemplo, pedir a los alumnos que escriban un trabajo de trescientas palabras sobre un tema que ellos, los profesores, han elegido. Después, recogen estas redacciones y las corrigen diligentemente, solo para encontrarse con la ingrata sorpresa de que los estudiantes le prestan escasa atención a las correcciones.

Si se quiere crear un *clima de escritura* en clase, lo mejor es modificar el ejercicio y usar esta técnica de Andrew Wright:

> Pida a cada alumno que introduzca tres mentiras o partes de información incorrecta en sus 300 palabras.
>
> Cuando haya corregido las redacciones, devuélvaselas a sus autores y haga grupos de cuatro alumnos.
>
> El alumno A lee en voz alta su texto a la vez que incorpora las correcciones que usted le ha hecho. La tarea de B, C y D consiste en localizar la información falsa. Los otros tres también leen sus textos, sometiéndolos a la detección de las mentiras por parte de sus compañeros.

El giro al introducir tres mentiras en el escrito humaniza este ejercicio de escritura tradicional. Ahora los estudiantes escribirán sabiendo que sus compañeros escucharán el contenido con la curiosidad y la atención de un detective. Además, estos escritores ahora tienen una audiencia que podría, si bien no necesariamente, incluir al profesor. Este puede limitar su ayuda a los aspectos formales de la lengua.

Un principio que subyace en todo este libro es que el escritor siempre debe tener un lector, y un lector a quien le interese el contenido y no solo la forma. (En los ejercicios de la sección 5, el destinatario del texto no es otra persona más que el propio escritor un tiempo después de haberlo escrito). Independientemente del nivel que enseñe, hay muchas cosas que el profesor puede hacer para ayudar a crear un clima de «escritura real» en clase.

DESCUBRA CÓMO SON SUS ESTUDIANTES COMO ESCRITORES

¿Cómo se ve usted como escritor? ¿Cómo cambia, como escritor, cuando pasa de la lengua materna a la lengua meta? Que usted es escritor está, por supuesto, más allá de toda duda; seguro que normalmente escribe o alguna vez ha escrito textos como:

- Notas de cocina
- Cartas o correos electrónicos de agradecimiento
- Informes académicos
- Redacciones
- Poemas de amor
- Historias
- Cartas que nunca ha enviado
- Listas de la compra
- Cartas a abogados
- Correos de trabajo, etc.

Dado que muchos de los profesores de ELE trabajamos la expresión escrita, vale la pena darse cuenta de cómo nos vemos a nosotros mismos como profesionales de esta destreza. En un viaje reciente a Málaga los autores de este libro le pedimos a un grupo de profesores españoles de inglés que escribieran cartas breves en las que explicaran cómo se sentían como escritores. Nos preguntamos si usted se identificaría con alguno de los pensamientos de aquel grupo de profesores, o si su propia caracterización como escritor sería muy diferente.

> ANTONIO: *Me veo a mí mismo como un escritor negado. Incluso mandar un correo electrónico me lleva una eternidad y después de haberlo enviado, nunca estoy seguro de haber transmitido el mensaje que quería en realidad. Solo el hecho de escribir esta carta ya es una prueba que exige mucho esfuerzo. Creo que debe sonar como si se la escribiera a un consultorio sentimental pidiéndole ayuda. P. D. Tengo los mismos problemas cuando escribo en mi lengua.*

> MACARENA: *Me alegra bastante que nos pida que escribamos sobre nosotros, ya que por la mañana temprano parece una tarea mucho más fácil. Siempre me ha encantado escribir, me ha encantado desde que era niña. Y no solo hablo del típico diario. Cuando escribo me parece que soy capaz de liberar una parte de mí que de otro modo no sale con facilidad. Escribir me permite admitir cosas que son difíciles de expresar con palabras. La cuestión es que siempre me escribo a mí, nadie me lee normalmente y tampoco creo que me gustara que alguien lo hiciera. De hecho, el viejo hábito de escribir cartas a amigos se está extinguiendo y el e-mail rápido lo está dominando todo. ¡Bienvenido sea el progreso!*

Estos textos que, como ya se ha mencionado, fueron escritos por profesores, ejemplifican un ejercicio fundamental que la sensatez invita a llevar a cabo con cualquier grupo de estudiantes al que se enseñen estrategias de escritura. Es vital que usted, el profesor, aprenda algo sobre la imagen que tienen los alumnos de sí mismos como escritores, tanto en su lengua materna como en la lengua meta. No hacerlo es como ser un arquitecto a quien no le importa mucho dónde colocar los cimientos de una casa.

Es importante que usted, como profesor, primero considere su propia actitud hacia la escritura y luego intente descubrir algo sobre las preferencias de sus estudiantes.

Después, a la hora de planificar las clases, tenga ambos aspectos en cuenta.

En la actividad 1, encontrará nuestras sugerencias para hacer que los alumnos le escriban contándole cómo se ven a sí mismos como escritores.

LUGARES EN LOS QUE ESTE LIBRO PUEDE NO SER NECESARIO

Hay algunas situaciones en las que el modo en el que se lleva a cabo una clase de expresión escrita viene en gran parte determinado por circunstancias que van más allá de las paredes del aula. Por ejemplo, en Irlanda del Norte durante el conflicto civil entre protestantes y católicos, estaba claro que los niños de primaria que escribían en su L1 necesitaban hacerse a la idea y llegar a asumir los terribles acontecimientos que estaban teniendo lugar en las calles de sus barrios, y fueron estos hechos los que describían con realismo y convicción.

En 1992 conocimos a un profesor de inglés en prácticas que escribía desde Palestina. Decía que su clase del lunes por la mañana empezaba a menudo con las entradas de los diarios de los alumnos sobre lo que los aviones de ataque, *bulldozers* y patrullas israelíes habían «logrado» en los asentamientos de Cisjordania durante el fin de semana. Estos jóvenes no carecían de material sobre el que escribir.

Zana, en Sarajevo, Bosnia-Herzegovina, escribió esto en 1992. Tenía 12 años:

Cuando papá está luchando en la guerra
Si tan solo supieras lo que se siente
Cuando tu papá está luchando en la guerra
Huyes de la tristeza, pero la tristeza te sigue
No recibes noticias de tu padre
Y un día cuando todo se vuelve negro
Papá llama a la puerta
Se queda cinco días
Y luego la felicidad se va otra vez
Y mi corazón late fuerte, como un pequeño reloj
Y ahora ya no puedo escribir más porque mi papá
No está aquí, cerca, a mi lado.

(Anna Cataldi, Sarajevo; *Voci Da Un Assedio*.
Traducción de Ana M.ª Álvarez Sánchez)

En situaciones de ocupación, guerra, desastres naturales, hambre y otras circunstancias extremas, lo que los estudiantes están viviendo puede ser la fuerza motora de la clase de expresión escrita.

LA NATURALEZA DE LA ESCRITURA CENTRADA EN EL LECTOR

Howard Gardner en su obra fundamental, *Estructuras de la mente*, sugiere que la gente tiene una inteligencia tanto intrapersonal como interpersonal. Cuando un autor está solo en su estudio, trabajando en un libro o escribiendo una carta, trabaja reflexivamente, de forma introspectiva; es lo que Gadner llama *inteligencia intrapersonal*. Y, sin embargo, el autor también es consciente de la presencia del lector. Si no hubiéramos tenido en cuenta la presencia del profesor, no podríamos haber escrito esta introducción, lo que hace que el proceso de escritura sea interpersonal también.

Por lo tanto, una de las grandes ventajas psicológicas de la escritura centrada en el destinatario es que hace uso tanto de la inteligencia intrapersonal de los estudiantes como de la interpersonal.

La mayor parte del trabajo oral en la lengua meta fuerza a los alumnos, tanto si les gusta como si no, a adentrarse en un área interpersonal. Por el contrario, lo que se podría llamar la quinta destreza de la lengua, hablar con uno mismo, se vale principalmente de la inteligencia intrapersonal.

Escribir, sin embargo, permite al autor **pensar** y **existir** tanto intrapersonal como interpersonalmente. Por lo tanto, se vale de las dos: de la inteligencia introspectiva y de la orientada socialmente, así como, por supuesto, de la inteligencia lingüística.

¿ESCRIBIR EN CLASE O ESCRIBIR COMO DEBERES?

Cuando hojee el libro, se dará cuenta de que sugerimos hacer muchas de estas actividades de escritura en clase. En nuestro intento de humanizar la parte escrita del currículum, sentimos que, especialmente en el caso de los jóvenes, debería haber entre el acto de escribir y el de leer un intervalo tan breve como fuera posible. Cuando escribir se convierte en deberes, puede haber un intervalo de dos o tres días entre escribir y leer, lo cual hace que en muchos casos le reste un gran valor a la experiencia de escribir. Cuando se cocina un suflé, es mejor comérselo recién salido del horno.

Por lo tanto, creemos sensato que los estudiantes escriban en casa y en clase. Las ventajas de que los estudiantes trabajen en casa son que ellos eligen el momento en el que empiezan, terminan cuando lo deciden y les resultará más fácil concentrarse. Las ventajas de escribir en clase, por otra parte, son que los estudiantes se sienten contagiados por la energía del grupo, están en presencia de sus lectores y pueden obtener la ayuda que necesitan del profesor.

La gente que tiene una fuerte inteligencia intrapersonal, es decir; los tipos más introspectivos, generalmente prefieren escribir en casa, mientras que aquellos que disponen de una fuerte inteligencia interpersonal, la gente más sociable, puede encontrar más motivador escribir en clase.

Nos hemos encontrado con colegas que se sienten incómodos ante la idea de «desaprovechar oportunidades para aprender cosas útiles» cuando pedimos a los alumnos que escriban en clase. Sienten que de alguna manera es una pérdida de tiempo para estos. ¿Pero acaso no se producen verdaderas oportunidades de aprendizaje en el momento en el que los estudiantes están enteramente dedicados a procesar la lengua meta recurriendo al profesor cuando lo necesitan? Una actividad dinámica de escritura hecha en el aula con el docente en su papel de facilitador puede ser más eficaz que muchas fases de la clase dominadas por el profesor.

Reconocemos, sin embargo, que si el profesor ve a sus alumnos solo 90 minutos a la semana, como es el caso de muchas clases para adultos en Europa, podría no querer dedicarle mucho tiempo a la escritura en clase y preferiría usar las actividades de este libro como deberes. Pero si el profesor pasa con su grupo varias horas a la semana, es muy posible que pueda llevar a cabo más actividades de escritura en el aula. En el caso de algunos estudiantes, la expresión escrita puede ser una destreza «trampolín» que les ayude a mejorar las otras cuatro: la comprensión auditiva, la expresión oral, la interacción oral y la comprensión lectora. Suele ser este el caso de aquellas personas que necesitan más tiempo para pensar del que la inmediatez de la comunicación permite.

PROPUESTA DE UN MODELO VÁLIDO PARA LOS APRENDICES DE LA ESCRITURA

Pensando en nuestra propia escritura, encontramos extremadamente útil el modelo de Walt Disney, tomado de la Programación Neurolingüística. Según sus colaboradores, el gran caricaturista tenía la capacidad de alternar entre estos tres estados de la mente:

- **El soñador**
- **El realista**
- **El crítico**

Si uno se aplica este modelo a sí mismo como escritor, ¿funciona bien? Vamos a ayudarle a reflexionar a través de unas preguntas:

¿Cómo se siente cuando se prepara para escribir algo?

¿Tiende a crear imágenes en su mente antes de escribir?

¿Soñar forma parte de su proceso de escritura? ¿En qué medida es consciente de ello?

¿Cómo prepara su plan de escritura?

¿Cómo toma las continuas decisiones que forman parte del texto que está produciendo?

¿Le gusta describir dando sus opiniones?

Cuando va creciendo el texto que tiene delante, ¿qué tipo de sentimientos experimenta?

¿En qué momento interviene su espíritu crítico?

¿Le parece útil este aspecto evaluador de su pensamiento?

¿Cómo escribiría sin la participación de esta voz crítica?

Este libro está organizado en parte en la misma línea que el modelo Disney:

Sección 1 ▸ Para ponerse en marcha: se corresponde con el estado «soñador» del proceso del alumno y le ofrece muchas técnicas que sirven como precalentamiento a su fase soñadora.

Secciones 2-6: tratan sobre la producción misma del texto.

Sección 7 ▸ Edición: persigue que los alumnos aprendan a distanciarse del texto y se formen una perspectiva equilibrada y crítica del mismo.

Este modelo es especialmente útil en la prueba escrita de un examen, ya que cada alumno necesita decidir cuánto tiempo va a invertir en el *sueño*, en la producción *realista* del texto y cuánto tiempo debe dejarse para la evaluación *crítica*. Una fase de planificación pobre conlleva un contenido poco sustancioso, una producción descuidada se traduce en un escrito caótico y, si no se deja tiempo para la crítica, el resultado puede ser un texto plagado de disparates.

¿QUÉ CONTIENE ESTE LIBRO?

SECCIÓN 1 ▸ PARA PONERSE EN MARCHA

Aquí encontrará actividades que le ayudarán a empezar a crear en clase un clima para la escritura. También le servirán como introducción a destrezas necesarias para un examen como es el caso de la redacción de un escrito. Esta sección está centrada principalmente en el trabajo preliminar que facilita escribir de una forma organizada.

SECCIÓN 2 ▸ ESCRIBIR A PARTIR DE LO QUE HA ESCRITO UN COMPAÑERO

Las actividades de esta sección son en gran medida intrapersonales. El estudiante escribe a partir de las ideas e información propuestas por su compañero y sabe que será el principal lector del texto.

SECCIÓN 3 ▸ ESCRITURA EN GRUPO

Hay estudiantes que experimentan la tarea de escritura como un proceso de aislamiento desalentador. Las actividades de esta sección son interpersonales y están diseñadas para que los alumnos aprendan a sentirse mejor escribiendo.

SECCIÓN 4 ▸ ESCRIBIR REPRESENTANDO UN PAPEL

Aquellos alumnos que disfrutan representando un papel en las actividades orales de simulación, encontrarán en los *role-plays* escritos una oportunidad para huir de sí mismos, una especie de liberación.

SECCIÓN 5 ▸ ESCRITURA INTRAPERSONAL

Los alumnos que han escrito diarios en su lengua materna no encontrarán dificultad alguna en este tipo de actividades. Esta sección satisface sobre todo a aquellos estudiantes para los que la escritura más atractiva es la intrapersonal, el tipo de escritor que no necesita una audiencia más allá de sí mismo. Esta forma de escritura se corresponde estrechamente con el monólogo y el diálogo internos.

SECCIÓN 6 ▸ ESCRITURA GENERAL

En esta sección encontrará técnicas para la práctica de la escritura que van desde la elaboración de listas hasta la exploración de experiencias vitales. El factor común en todos estos ejercicios es que los estudiantes exploran su mundo interior y reaccionan a estímulos que podrían no haber experimentado previamente. Un ejercicio muy efectivo es aquel en el que los alumnos se acercan en la L2 a un área nueva de su propia experiencia y, de esta manera, generan ideas y pensamientos también nuevos y que no habían desarrollado antes en su L1.

SECCIÓN 7 ▸ EDICIÓN

Esta sección final trata de cómo ir más allá de la etapa en la que uno está involucrado en el proceso de escritura. Observar con cierta distancia el propio texto permite adentrarse en el estilo crítico y facilita que los estudiantes se centren en la precisión y en los aspectos formales de la lengua.

USAR INTERNET

Una forma excelente de emplear algunas de las técnicas de este libro es trabajar con un grupo de estudiantes de otra parte del mundo: en los ejercicios en parejas, el estudiante A es de su clase y el estudiante B de la otra clase. Un trabajo de este tipo tiene enormes ventajas:

- Los estudiantes están usando el español de manera realista.
- Los estudiantes tienen la oportunidad de contactar con gente nueva y diferente.
- Los estudiantes se ven obligados a salir de los convencionalismos culturales propios de la vida en una comunidad, en un rincón de un país.

COMPARTIR LAS IDEAS DE ESTE LIBRO CON PROFESORES DE LA LENGUA MATERNA DE LOS ALUMNOS

Los agradecimientos que siguen a muchas de las actividades del libro muestran lo mucho que hemos aprendido y hemos adoptado del trabajo de escritura creativa en lengua materna. No dude, por lo tanto, en compartir ideas de este libro con colegas profesores de L1: puede ayudarles a hacer sus clases más interesantes.

DIVIÉRTASE USANDO ESTE LIBRO

Finalmente, disfrute con sus alumnos del repertorio de actividades que le hemos preparado.

Sección 1

Para ponerse en marcha

1 Cartas en las que los alumnos hablan de ellos mismos como escritores

NIVEL:	Intermedio bajo-Avanzado
DURACIÓN:	20-30 minutos

PREPARACIÓN

Escriba una carta a sus alumnos en la que les hable de los diferentes tipos de textos que usted ha escrito en alguna ocasión: notas de cocina, cartas de amor, entradas en un diario, trabajos para la escuela, poemas, resúmenes, mensajes de texto, relatos o historias, cartas de queja, cartas de disculpa, guiones, etc.

Cuénteles también en esta carta cómo se siente cuando escribe en su lengua materna y cómo se siente cuando escribe en otra lengua, además de explicar qué tipo de escritor se considera: ¿entusiasta, reacio, lírico, prosaico, creativo, meticuloso?

Para terminar, pida en su carta a los alumnos que le escriban una carta similar que no ocupe más de una página contándole cómo se ven como escritores. Déjeles claro que solo usted la leerá.

Fotocopie la carta que ha escrito.

PROCEDIMIENTO

1 Entregue a los alumnos una copia de la carta que ha escrito y pídales que la lean en silencio. Si las instrucciones que aparecen al final de la carta están claras, empezarán a escribir sus respuestas.

2 Recoja las respuestas y léalas en casa con mucha atención; están llenas de información útil que le ayudará a tratar a cada alumno de la forma más adecuada. Está claro que un alumno que declara abiertamente que odia escribir en su lengua materna y en español necesita más ayuda que otro al que le encanta esta actividad en cualquier lengua.

FUNDAMENTO

Es un ejercicio muy útil al comienzo de un curso de expresión escrita, especialmente cuando se trata de un curso dedicado a preparar para un examen.

2 Prepararse para escribir sobre diferentes tareas de limpieza

NIVEL: Intermedio-Avanzado

DURACIÓN: 20 minutos

PREPARACIÓN

No necesita.

PROCEDIMIENTO

1 En primer lugar, pida a 2 o 3 alumnos que salgan a la pizarra y en un minuto imiten por medio de gestos que limpian una ventana haciéndonos imaginar el cubo, el trapo, la escobilla que se usa para limpiar los cristales y el cristal que se va a limpiar.

2 Invite a 2 o 3 voluntarios más a que salgan a la pizarra y representen con mímica que se cepillan los dientes.

3 Escriba estas frases en la pizarra:

Quitar las malas hierbas.

Corregir los errores de un texto.

Lavar los platos.

Desinfectar una herida.

Pasar la aspiradora.

4 En grupos de cuatro, anotan todas las tareas de limpieza en las que puedan pensar en 5 minutos.

5 Uno de los alumnos que está en la pizarra hace de secretario mientras los grupos le van dictando los resultados de la lluvia de ideas hasta que la pizarra se llene de ellas.

6 De deberes, escribirán una redacción: *Lo que me gusta de mis tareas de limpieza.*

3 Un comienzo creativo para una redacción

NIVEL: Intermedio bajo-Avanzado

DURACIÓN: 30 minutos

PREPARACIÓN

Piense en el título de una redacción.

PROCEDIMIENTO

1. Dé a la clase el título de la redacción.
2. Divida la clase en grupos. Cada alumno tiene una letra: (grupos de 5 de la A a la E). Los alumnos con la letra A escriben 5 preguntas sobre el tema; los de la letra B, 5 frases declarativas; los de la C, 5 frases negativas; los D, escriben 5 hipótesis y los E, 5 frases con deseos sobre el tema. Tienen diez minutos para hacerlo.
3. Agrupe a los alumnos que tengan la misma letra de forma que puedan oír, y añadir si quieren a su lista, las frases que han escrito los demás.
4. Reagrupe a los alumnos con A, B, C, D y E, y pídales que se lean todas las frases que han escrito.
5. Es aconsejable dejarles 10 minutos para que tomen notas recopilando las ideas del grupo ya que les servirá a la hora de escribir su redacción.
6. Mándeles la redacción del texto escrito como deberes.

NOTA

Este ejercicio es especialmente recomendable en la preparación para un examen.

AGRADECIMIENTO

Hemos aprendido cómo las formas sintácticas afectan al pensamiento creativo del libro *Sing me the Creation*, de Paul Matthews, Hawthorn Press, 1999.

4 Lluvia de cartas

NIVEL:	Elemental-Intermedio
DURACIÓN:	30 minutos

PREPARACIÓN

No necesita.

PROCEDIMIENTO

1 Pida a cada alumno que escriba su nombre en cuatro papeles distintos. Recójalos y distribúyalos de tal manera que los alumnos escojan un papel con el nombre de otra persona.

2 Tienen que escribir una carta breve sobre un tema cualquiera (¡pero que sea razonable!) que irá dirigida al alumno cuyo nombre aparece en su papel. Tan pronto como hayan terminado y firmado la carta, la entregan, así que cuando un alumno reciba la carta deberá contestar y entregar la respuesta. Deje claro que usted no corregirá carta por carta a no ser que alguien le pida ayuda, y dígales que empiecen a escribir inmediatamente.

3 Si para cuando un alumno haya entregado su carta no tiene otra a la que responder, ofrézcale la posibilidad de que elija otro papel con otro nombre; le escribe una carta a esa persona y así sucesivamente. Es fundamental que el profesor se mueva por toda el aula con rapidez.

4 Después de 20 minutos de escritura sostenida, infórmeles de que tienen 3 minutos para terminar el texto en el que están trabajando y entregarlo. La tarea concluye con una breve puesta en común.

ALTERNATIVAS

1 Se divide la clase en dos grupos y se pide a los alumnos que escriban solo a gente del otro grupo y que se sienten en dos filas, unos enfrente de otros.

2 Tal vez sea útil para su grupo que el profesor escriba una carta modelo dirigida a un estudiante imaginario y la entregue a los alumnos antes de comenzar la actividad. De esta manera los estudiantes dispondrán de una muestra para empezar a escribir.

3 Para la puesta en común, pídales que seleccionen las cosas más interesantes o que más les hayan llamado la atención de las cartas recibidas y que las cuenten a sus compañeros.

5 Una frase a partir de un dibujo

NIVEL: Elemental-Intermedio

DURACIÓN: 15-25 minutos

PREPARACIÓN

No necesita.

PROCEDIMIENTO

1 Pida al «Picasso» de la clase que haga un dibujo en una mitad de la pizarra; debe ser un dibujo que transmita acción.

2 A continuación los alumnos proponen palabras que les vienen a la mente al mirar el dibujo. Un estudiante que hará de secretario las irá escribiendo en la otra mitad de la pizarra al mismo tiempo que pregunta: «¿La aprobáis o la rechazáis?», de forma que los alumnos decidan si mantienen o desechan la palabra. Si la mayoría la rechaza entonces se borra; si se aprueba, se mantiene. Así hasta que haya 10 palabras en la pizarra.

3 Individualmente, pida a los alumnos que redacten una única frase que incorpore 6 de las 10 palabras de la pizarra; pueden por lo tanto eliminar 4. Deben saber que los demás oirán o leerán su frase.

4 Si se trata de una clase numerosa podrían pegar sus oraciones en la pared para que las vean todos, si es un grupo pequeño pueden leerlas en voz alta.

ALTERNATIVAS

1 En lugar de utilizar las palabras exactas de la pizarra pueden usar sinónimos o frases que signifiquen lo mismo.

2 Puede pedir a los alumnos que escriban frases con esas palabras que además sean ejemplo de construcciones gramaticales que esté trabajando en clase; un grupo de alumnos puede escribir oraciones con verbos en pasado, otro grupo, con pronombres, etc.

AGRADECIMIENTO

Aprendimos esta técnica de Bill Brandt en un taller en Polonia en 1998.

6 Un viaje para recordar

NIVEL: Intermedio

DURACIÓN: 30-40 minutos

PREPARACIÓN

No necesita.

PROCEDIMIENTO

1 Divida la clase en pequeños grupos y pídales que cierren los ojos y piensen en un viaje que hicieron de pequeños.

2 Después de dejarles tiempo para pensar, hágales las siguientes preguntas. No tienen que copiarlas, solo escribir las respuestas en forma de nota.

¿Qué recuerdas haber visto en ese viaje?

¿De qué sonidos te acuerdas?

¿De qué olores?

¿Puedes revivir alguna sensación?

¿Puedes rememorar algún sabor?

3 En parejas y en 5 minutos, los alumnos ponen en común las experiencias de sus viajes haciendo uso de las notas que han tomado.

4 Seguidamente, cada alumno escribe una página sobre el viaje de su compañero, narración que se hará en primera persona como si el viaje lo hubiera vivido el autor del escrito. Dígales que lo leerán en voz alta a su grupo.

5 Finalmente lo leen en voz alta al grupo y se comenta.

ALTERNATIVA

Puede pedir a los estudiantes que cuando describan el viaje del compañero en primera persona añadan una o dos cosas que imaginen que podrían haber sucedido. Cuando se lea en voz alta, sus compañeros del grupo deben prestar atención para intentar averiguar cuáles son los hechos inventados. El viajero real puede, al final, comentar si ocurrieron esas u otras cosas similares durante el viaje.

7 Títulos de capítulos para mi autobiografía

NIVEL: Elemental-Avanzado

DURACIÓN: 30-40 minutos

PREPARACIÓN

Piense en cinco áreas importantes de su vida. Para ayudarle, aquí se incluyen algunas ideas; las cinco áreas de Mario:

Haber aprendido varias lenguas

Ser el hermano mayor

La lectura

Aprender a organizarse

Ser padre

Luego haga una lista con 8-10 títulos a partir de los cuales se pueda escribir una autobiografía basada en una de esas áreas. Asimismo, escriba otra lista con 8-10 títulos para escribir una autobiografía que recoja toda su vida. Cada alumno deberá tener una copia de estas dos listas.

PROCEDIMIENTO

1 Primero, escriba en la pizarra la lista con las cinco áreas de su vida.

2 Entrégueles las dos listas con los títulos para que cada alumno los lea.

3 Pídales ahora que piensen en su propia vida y al igual que usted ha hecho anteriormente en la pizarra, tomen nota de cinco áreas de su vida sobre las que puedan escribir una autobiografía. Dígales que compartirán la información con un pequeño grupo. A continuación cada uno selecciona un área y escribe 8-10 títulos para ella, así como otros 8-10 títulos pensando en una autobiografía general.

4 Por último y en grupos de cuatro, explican y comentan las dos potenciales autobiografías.

7 Títulos de capítulos para mi autobiografía

ALTERNATIVA

Puede decirles que cada grupo seleccione el título más interesante de los propuestos por cada alumno y pedirles que en casa escriban un texto autobiográfico sobre ese título escogido por los compañeros. Los textos se pueden leer en voz alta en la clase siguiente.

AGRADECIMIENTO

Nos hemos inspirado en el trabajo pionero de Ira Progoff, *At a Journal Workshop*, Dialogue House, 1975.

8 Conceptos

NIVEL: Intermedio-Avanzado

DURACIÓN: 45 minutos

PREPARACIÓN

Piense en cinco conceptos, por ejemplo; *paz, pobreza, cultura, riqueza y juventud* o elija cinco del libro de texto. Ejemplo: *el tiempo libre, Argentina, el transporte, los medios de comunicación y la contaminación*, y escriba cada uno de ellos en un trozo de papel. Se necesitan cinco hojas tamaño A3 y suficiente papel a rayas para cada estudiante.

PROCEDIMIENTO

1 Divida la clase en cinco grupos. Entregue a cada grupo una hoja de tamaño A3 y un concepto escrito en un trozo de papel que no podrá ser visto por el resto de la clase.

2 Los miembros del grupo hacen un dibujo que represente su concepto. Es conveniente asegurarse de que todos tienen la oportunidad de dibujar algo. Deben saber que los dibujos serán expuestos.

3 Tan pronto como terminen de dibujar intercambian su dibujo con el de otro grupo pero siempre sin revelar el concepto.

4 Individualmente o en grupo (si los grupos son de 3-4 alumnos), describen por escrito el dibujo que les han dado. Dígales que los textos serán expuestos.

5 Los dibujos y los textos se ponen en la pared para que todos puedan verlos y leerlos. Anímelos a que los comenten.

6 Finalmente invite a los estudiantes a que intenten adivinar cuáles eran los conceptos de los otros grupos.

ALTERNATIVA

1 Siga los pasos 1 y 2.

2 Pida a los alumnos que describan su concepto anotando unas 15-20 palabras.

3 Proceda como se indica arriba reemplazando los dibujos por el vocabulario que han sugerido.

9 De mis pensamientos a nuestros pensamientos

NIVEL: Elemental-Avanzado

DURACIÓN: 50-60 minutos

PREPARACIÓN

Una hoja de papel A3 para cada alumno y muchos lápices de colores.

PROCEDIMIENTO

1. Pida a los alumnos que paseen por la clase. Deben formar grupos de cuatro o cinco eligiendo a compañeros con los que no hayan trabajado todavía.
2. Entregue una hoja de papel A3 a cada alumno y reparta unos lápices de colores por grupo. Deben trazar una línea vertical y otra horizontal de forma que la hoja quede dividida en cuatro partes iguales.
3. Cada alumno piensa en una persona, un animal, un objeto, una situación, un libro o una película que luego dibujará en la cuadrícula superior izquierda. El dibujo debe hacerse con cuidado y atención en 5-7 minutos y le pondrán un título. Déjeles claro que sus compañeros de grupo lo verán.
4. A continuación los estudiantes pasan la hoja a otra persona del grupo que escribe en la cuadrícula inferior izquierda, en 10 minutos, todo lo que sepa sobre el objeto, la persona, la película y el libro, pudiendo añadir algo más.
5. Vuelven a pasar la hoja dentro de su grupo asegurándose de que ningún alumno reciba su propio dibujo. Primero, en la cuadrícula inferior izquierda añaden cualquier información extra sobre el tema, la persona, el objeto y el libro. Luego, en la cuadrícula superior derecha escriben en 10 minutos hipótesis o suposiciones acerca del tema.
6. Una vez más hacen circular la hoja en el grupo para que el siguiente alumno añada algo al dibujo y a las dos cuadrículas ya escritas. Finalmente y ya en la última cuadrícula, escribe en 10-15 minutos lo que le gustaría saber sobre la persona, la película, el objeto o el libro.
7. Los cuatro miembros del grupo leen los cuatro papeles, comentan la información y el proceso de escritura.

AGRADECIMIENTO

Idea tomada del director de St Peter's Primary School, Canterbury, en 1999.

10 De palabra a palabra

NIVEL: Cualquier nivel, depende del vocabulario que se use

DURACIÓN: 30 minutos

PREPARACIÓN

Una copia de un organigrama vacío para cada grupo. Debe ser lo suficientemente grande como para poder escribir.

PROCEDIMIENTO

1 Si es la primera vez que trabajan con organigramas de vocabulario sería conveniente mostrar su funcionamiento poniendo un par de ejemplos en la pizarra. Lo importante es que los alumnos entiendan que existen un sinfín de posibilidades y no hay una única respuesta correcta.

2 Pida a los alumnos que piensen en una palabra clave, por ej.: *libertad*, o en otro concepto que se quiera repasar. Individualmente y en 5 minutos, deben anotar todas las palabras derivadas de las asociaciones que se les ocurran.

3 En parejas o grupos de 3 alumnos, reparta una copia del organigrama vacío. Deben completarlo conjuntamente intercambiando sus ideas.

4 Ahora junte dos parejas o grupos y déjeles que comparen y comenten los resultados en este grupo más grande.

5 Si se trata de una clase con pocos alumnos, puede iniciar una discusión general en la que los diferentes grupos expliquen la elección de sus palabras.

6 Para concluir y de forma individual, escriben un texto sobre la palabra clave usando todas las palabras que puedan del organigrama.

ALTERNATIVA

Proponga una palabra clave diferente para cada grupo, por ejemplo: *libertad, domingo, silencio, viaje, aventura, lluvia*... Una vez completado, pídales que pasen su organigrama a otro grupo o pareja, que deberá añadir una o dos palabras más a la lista; así, todos los organigramas deben pasar por todos los grupos, que irán añadiendo palabras. Al final cada organigrama vuelve al grupo original y los estudiantes, de forma individual o en parejas, escriben un texto sobre la palabra clave usando todas las palabras que puedan.

11 Primeros pasos en la redacción de un escrito

NIVEL: Avanzado

DURACIÓN: Dos clases de 45 minutos

PREPARACIÓN

Tarjetas (como las siguientes).

histórico	económico	geográfico
moral	legal	médico
	político	

PROCEDIMIENTO

PRIMERA CLASE

1 Divida la clase en siete grupos de igual número en la medida de lo posible. Esta actividad se puede hacer incluso de forma individual.

2 Dele a cada grupo una tarjeta.

3 Escriba en la pizarra las palabras de esta lista pero empiece escribiendo solo la primera:

Drogas

Desempleo

Pobreza

Residuos

Dopaje

Homofobia

Contaminación

4 Los alumnos deben disponer de tiempo para poder pensar en la palabra *drogas* en relación con su tarjeta.

11 Primeros pasos en la redacción de un escrito

5 El grupo escribe una o dos oraciones sobre el tema en un trozo de papel que más tarde verán los demás.

6 Recoja los siete papeles y pídales que pasen su tarjeta al siguiente grupo.

7 Escriba la siguiente palabra en la pizarra, *desempleo*, que relacionan con la nueva palabra de su tarjeta.

8 Una vez hayan escrito dos o tres oraciones, recoja los papeles otra vez y que vuelvan a pasar su tarjeta al siguiente grupo y así sucesivamente.

9 Mientras los alumnos escriben, usted puede ir corrigiendo las oraciones anteriores.

SEGUNDA CLASE

1 Vuelva a poner a los alumnos en los mismos grupos que ya se hicieron en la clase anterior. Entregue a cada grupo los papeles relacionados con uno de los temas; *drogas* para un grupo, *desempleo* para otro, etc. (Esto significa que cada palabra se comentará desde siete perspectivas distintas).

2 Los alumnos leen las informaciones y, conjuntamente, escriben un texto coherente.

NOTA

Si se trata de una clase de preparación para un examen, pueden cambiarse las palabras de las tarjetas para ajustarse a los temas que podrían aparecer en él.

12 Vivo

NIVEL:	Intermedio
DURACIÓN:	20-30 minutos

PREPARACIÓN

No necesita.

PROCEDIMIENTO

1 Escriba lo siguiente en la pizarra:

Vivo…

He vivido…

Vivía…

Viví…

Viviré…

Viviría…

Me hubiera gustado vivir…

Ojalá viviera…

2 Pida a los alumnos que escriban oraciones completas a partir de estos comienzos en 10-15 minutos y dígales que después se las pasarán a un compañero. Mientras escriben, dé un paseo por la clase y compruebe que entienden el significado de cada tiempo verbal. Si se trata de un grupo nuevo, es una buena oportunidad para tomar nota de los tiempos verbales que sería conveniente repasar.

3 Cada alumno le pasa sus frases al compañero que las lee y señala aquellas que le resultan interesantes y de las que le gustaría saber más.

4 Para concluir y en parejas, intercambian sus ideas.

Puede repetirse la actividad en otra ocasión con verbos distintos: *hacer, trabajar, soñar, viajar, conocer…* y seleccionar las formas verbales que le interese practicar.

13 Escritura rápida

NIVEL: Elemental-Avanzado

DURACIÓN: 10-20 minutos

PREPARACIÓN

Piense en un tema para que escriban los alumnos. Necesitará un cronómetro o un reloj con un buen segundero.

PROCEDIMIENTO

1 Debe estar preparado para cronometrar 90 segundos. Pida a los alumnos que escriban en 90 segundos todo lo que se les ocurra sobre el tema que les va a proponer. Se trata de que escriban oraciones completas sin levantar el bolígrafo del papel y no son válidas las listas de ideas. Dígales que nadie más leerá lo que escriban.

2 Para inspirar en los alumnos ese «ánimo veloz» haga que se levanten y corran sin moverse de su sitio durante un minuto. Deles el tema en cuanto se sienten.

3 Interrúmpalos al cabo de 90 segundos; tienen que contar el número de palabras que han escrito.

4 Empieza una segunda vuelta con un nuevo tema y 120 segundos de tiempo.

FUNDAMENTO

Hemos utilizado esta técnica como lluvia de ideas antes de un examen. La escritura rápida puede ayudar a vencer los nervios de un examen y a minimizar «el bloqueo del escritor».

Puede ser también una técnica eficaz para preparar la presentación de una lección o un tema nuevos. En ese caso, después de dejarles escribir durante 90 segundos, propóngales una breve puesta en común en la que algunos alumnos pueden leer a sus compañeros lo que han escrito. En ese caso, no indique en el paso 1 que los textos no serán leídos por otras personas.

AGRADECIMIENTO

Hemos aprendido esta actividad de Katie Plumb, de Pilgrims.

14 Más pasos en la redacción de un escrito

NIVEL: Avanzado

DURACIÓN: Dos clases de 45 minutos

PREPARACIÓN

1.ª CLASE: Si decide elegir un tema del libro de texto, puede pensar en un máximo de seis aspectos relacionados con él para que los alumnos escriban.

2.ª CLASE: Haga cinco fotocopias de cada uno de los escritos producidos en la primera clase y prepare cinco juegos que incluyan un ejemplo de cada escrito.

PROCEDIMIENTO

PRIMERA CLASE

1. Elija un tema junto con los alumnos o alguno que haya aparecido en el libro de texto, por ejemplo, «la emigración».
2. Divida el tema en seis aspectos, por ejemplo:
   - Decepción
   - Guetos
   - Una mejor vida
   - Desempleo
   - Las lenguas
   - El clima
3. Divida la clase en seis grupos y asigne un aspecto a cada grupo.
4. Los miembros del grupo comentan y discuten el aspecto que les toque y luego, conjuntamente, escriben media página sobre él (aproximadamente 100 palabras). Infórmeles de que después compartirán sus escritos en pequeños grupos.
5. Recoja las seis páginas. Más tarde podrá corregir los errores de lengua, pero no los de contenido o estilo.

SEGUNDA CLASE

1. Haga nuevos grupos asegurándose de que cada alumno del nuevo grupo ha escrito sobre un aspecto del tema diferente del resto de sus compañeros.

14 Más pasos en la redacción de un escrito

2 Deles los seis papeles a cada grupo. Los papeles circulan dentro del grupo y cada estudiante los lee. Luego hablan de lo que han leído.

3 Recoja todos los papeles y pida a los alumnos que vuelvan a su sitio. Déjeles unos 20 minutos para que escriban individualmente sobre el tema e incluyan tantas ideas como quieran extraer de los diferentes aspectos.

ALTERNATIVA PARA TRABAJAR EN UNA SOLA CLASE

1 Distribuya los aspectos entre todos los estudiantes asignándoles, por ejemplo, un número del 1 al 6.

2 Cada alumno individualmente escribe media página, mientras usted puede circular ayudando y corrigiendo. Dígales que después compartirán su escrito en pequeños grupos.

3 Después de unos 20 minutos, coloque a los alumnos en grupos de seis de manera que los seis aspectos se vean representados.

4 Cada estudiante lee lo que han escrito los demás y todos juntos escriben conjuntamente sobre el tema.

15 Escribir un resumen

NIVEL:	Intermedio-Avanzado
DURACIÓN:	1.ª CLASE: 45 minutos 2.ª CLASE: 45-60 minutos

PREPARACIÓN

Dé a elegir a sus alumnos entre tres listas; una con asuntos que puedan resultarles de interés, otra con diferentes temas que hayan aparecido en clase durante el curso, y una última lista con los temas del examen.

PROCEDIMIENTO

PRIMERA CLASE

1 Cada alumno elige un tema de la lista y empieza a escribir. La ayuda que necesiten como grupo o individualmente dependerá del programa del curso. Infórmeles de que usted y otro miembro de la clase verán lo que han escrito.

2 Recoja los ejercicios al final de la clase para corregirlos.

SEGUNDA CLASE

1 Devuelva los ejercicios corregidos asegurándose de que no se los entrega a sus verdaderos autores.

2 Cada alumno escribe un resumen del texto que ha recibido. Dedíquenle a esta actividad una tercera parte del tiempo de clase.

3 Cuando terminen, intercambian los textos iniciales (no los resúmenes) para que otro alumno escriba un segundo resumen.

4 Después se devuelve el texto original a su autor junto con ambos resúmenes.

ALTERNATIVA PARA TRABAJAR EN UNA SOLA CLASE

1 Proponga los temas de la lista como ejercicio de escritura en casa.

2 Una vez entregados al profesor y ya en clase, reparta los textos entre los alumnos sin corregir asegurándose de que no se los da a sus verdaderos autores.

15 Escribir un resumen

3 Pídales que señalen (sin corregir) los posibles errores que encuentren en los textos y que hagan un primer resumen.

4 Una vez terminan, intercambian los textos iniciales (no los resúmenes) para que otro alumno revise de nuevo el texto y señale otros errores que haya encontrado y escriba un segundo resumen.

5 Después se devuelve el texto original a su autor junto con ambos resúmenes. Cada estudiante puede comentar sus dudas sobre los errores con los correctores y con el profesor.

En ambos casos, es fundamental que los alumnos puedan hacer comentarios sobre los resúmenes de sus textos, ya sea de forma oral o por escrito.

16 Cosas que me han escrito

NIVEL:	Elemental-Avanzado
DURACIÓN:	30-40 minutos

PREPARACIÓN

No necesita.

PROCEDIMIENTO

1 Individualmente, cada alumno escribe en 5-10 minutos una lista tan larga como pueda bajo el titular *Cosas que me han escrito*. Dígales que la compartirán con un pequeño grupo.

2 De nuevo en 5-10 minutos redactan una nueva lista bajo el titular, esta vez de *Cosas que yo he escrito*.

3 A continuación y también en 5-10 minutos, escriben otra lista sobre *Cosas que me gustaría escribir*.

4 Para terminar y esta vez en grupos de cuatro o cinco personas, comparten sus listas. Dígales que pueden pedir a sus compañeros detalles sobre lo que más les haya llamado la atención de sus listas.

NOTA

Es un ejercicio apropiado al comienzo de un curso de expresión escrita.

AGRADECIMIENTO

Hemos aprendido la fórmula de un taller de DUET en Norwich.

Sección 2

Escribir a partir de lo que ha escrito un compañero

17 Tú, más joven

NIVEL: Elemental-Avanzado

DURACIÓN: 30-40 minutos

PREPARACIÓN

Prepare tarjetas con su correspondiente antónimo como: *alto-bajo, fino-grueso, fácil-difícil, barato-caro*. Reparta una a cada alumno junto con una copia de las instrucciones que vienen a continuación:

Primero, levántate y muévete por el aula en busca de un compañero que tenga el antónimo de tu palabra; puedes enseñar la tarjeta pero no debes hablar. Una vez hayas encontrado a tu pareja, siéntate con ella y permaneced en silencio durante 30 segundos. Después, vuelve a tu silla y escribe sobre cómo crees que era tu pareja en la infancia (tú decides la edad). Ten en cuenta que el escrito no debe sobrepasar una página. Luego, intercambia las hojas con la misma pareja de antes y reacciona escribiendo una respuesta a su texto. Esta respuesta no debe ocupar más de media página. Cuando tu pareja esté preparada, acércate y hablad de los textos.

PROCEDIMIENTO

1 Comience la clase en silencio. Limítese a entregar las tarjetas y las instrucciones anteriores a los alumnos.

2 En parejas, y una vez hayan terminado de hablar de los textos (como se indica arriba), deben disponer de un tiempo para reaccionar oralmente. Procure no interferir y manténgase en un segundo plano durante el desarrollo de la actividad.

FUNDAMENTO

Se trata de una actividad sumamente interpersonal en la que los alumnos trazan un dibujo escrito basándose en una compleja mezcla de información, deducción, empatía y proyección. Es aconsejable hacerla con un grupo que se conozca.

18 Dibujar un texto

NIVEL: Intermedio

DURACIÓN: 45-60 minutos

PREPARACIÓN

Copias de dos artículos de periódico, dos anécdotas o dos chistes. Deben tener prácticamente la misma extensión y ser nuevos para los alumnos.

PROCEDIMIENTO

1 Divida la clase en dos mitades. Cada mitad, A y B, se subdivide en grupos de 3-4 alumnos.

2 A tiene un texto y B el otro y no deben comunicarse en ningún momento.

3 Los alumnos de cada grupo leen y discuten conjuntamente las diferentes escenas del texto. Luego, dibujan una historia en la que se reflejen las escenas en la secuencia en la que ocurrieron. Dígales que la compartirán con otros grupos.

4 Recoja las copias de los textos de los grupos y déjeles solo los dibujos.

5 A continuación, intercambian el dibujo con un grupo que haya trabajado con el otro texto y escriben una historia basándose en los dibujos que han recibido.

6 Finalmente, puede comparar las historias originales con las que los alumnos han escrito.

NOTA

Este procedimiento es más sencillo si toda la actividad (el texto original, el dibujo de la historia y el texto de los alumnos) se hace en transparencias.

19 Ampliar frases

NIVEL: Intermedio

DURACIÓN: 30-45 minutos

PREPARACIÓN

No necesita.

PROCEDIMIENTO

1 Los alumnos redactan sobre ellos de forma anónima en un máximo de 5 frases. Si no se conocen muy bien entre sí, pueden escribir acerca de su estilo de vida, su familia e intereses. En el caso de que se trate de un grupo que ya se conoce se les puede sugerir que escriban sobre el fin de semana pasado, sus vacaciones, etc. (Dígales que su texto será visto por el resto de sus compañeros).

2 Recoja las frases y distribúyalas asegurándose de que nadie recibe las suyas.

3 Tienen que leerlas y ampliarlas hasta crear una historia tan imaginativa como quieran en 200-250 palabras, con la única condición de que incluyan toda la información del texto original.

4 Muévase por toda el aula ofreciendo su ayuda a los alumnos y corrigiendo sus errores.

5 Cada estudiante lee su historia en voz alta, mientras los demás escuchan con atención ya que el autor del escrito tiene que identificarse y explicar lo que hay de verdad en la historia. Si es una clase de más de 15 alumnos, las historias se pueden colgar en la pared y así cada uno puede elegir la suya.

20 De la historia a las preguntas y de las preguntas a la historia

NIVEL:	Intermedio bajo-Avanzado
DURACIÓN:	1.ª CLASE: 5 minutos 2.ª CLASE: 2-5 minutos 3.ª CLASE: 15-20 minutos

PREPARACIÓN

No necesita.

PROCEDIMIENTO

PRIMERA CLASE

1 Como tarea para casa, los alumnos tienen que pensar en algo que les haya sucedido a ellos o a otra persona de su entorno. Debe ser una historia que nadie más de la clase conozca.

2 Pídales que escriban 10 preguntas de comprensión en las que se recoja el argumento de la historia y que lo hagan en una hoja suelta porque luego se la pasarán a un compañero.

SEGUNDA CLASE

3 En parejas, se intercambian las preguntas sin hablar del escrito al que se refieren.

4 De deberes, redactan la historia que se imaginan al leer las preguntas, pero siempre sin consultar a su compañero.

TERCERA CLASE

5 Con la misma pareja de la segunda clase, leen el texto del otro y se cuentan las historias que verdaderamente hay detrás de las preguntas.

MENCIÓN ESPECIAL

Aprendimos esta técnica de John Morgan (Obit. nov. 2004).

21 Escribir para otro

NIVEL: Intermedio-Avanzado

DURACIÓN: 30-40 minutos

PREPARACIÓN

Se necesita un sobre por alumno.

PROCEDIMIENTO

1 Los alumnos se levantan y se mueven por la clase hasta que encuentran a una persona con la que quieran trabajar durante la media hora siguiente. Se sientan juntos y si alguno se queda sin pareja usted se pone con él.

2 Pídale a cada estudiante que se prepare para redactar mentalmente una carta dirigida a él mismo, que recibirá en una fecha concreta dentro de dos meses. (Déjeles claro que solamente él y su compañero leerán la carta).

3 La carta no la escriben ellos mismos sino el compañero, que actuará como escriba. No se trata de un dictado, ya que cada «autor» se limita a trazar un esbozo del escrito para que más tarde cada uno redacte el texto del otro de forma más completa.

4 Una vez hayan terminado, los autores revisan y corrigen las cartas consultándolo con su escriba.

5 Entregue un sobre a cada alumno para que introduzca su texto. El autor lo cierra y escribe su nombre en la parte de fuera. Recoja las cartas y guárdelas. Lleve las cartas a clase el día acordado y déselas a sus autores.

FUNDAMENTO

Las cartas para uno mismo son sorprendentemente impactantes, especialmente cuando se trata de adolescentes que están en continuo cambio. Sabemos de profesores de secundaria, cuyos alumnos escribieron cartas en septiembre que no se leyeron hasta junio. A veces es útil que los alumnos usen el español a modo de monólogo interno. El carácter de autor en la sombra de este ejercicio inspira en los autores un sorprendente espíritu de redacción que les hace querer asegurarse de que el texto es como ellos pretendían realmente.

AGRADECIMIENTO

Aprendimos esta técnica de Burbidge *et al.*, *Letters*, OUP, Oxford, 1996.

22 Manos

NIVEL:	Elemental- Intermedio
DURACIÓN:	30-40 minutos

PREPARACIÓN

Disponer de algunas hojas de papel A4 o lo suficientemente grandes como para que quepa una mano extendida.

PROCEDIMIENTO

1. Forme parejas.
2. En primer lugar, compruebe que cada alumno tiene una hoja de papel y luego pídales que dibujen la silueta de las manos de su pareja. Los alumnos piensan en lo que sus manos o dedos han tocado o sentido en los últimos días y escriben notas en el papel en el que han hecho sus dibujos. Anímelos a que utilicen palabras sueltas o frases cortas. Si fuera necesario, y como ejemplo, puede pedirle a un alumno que dibuje la silueta de las manos del profesor en la pizarra y el profesor puede poner algunos ejemplos de palabras sobre la vida de sus manos en los últimos días.
3. Junto con su pareja, hablan y explican en detalle lo que han escrito.
4. Seguidamente, escriben *Un día en la vida de las manos de mi compañero*, incluyendo tanto aquello de lo que se ha escrito como de lo que se ha hablado. Esta tarea también puede mandarse para casa.

ALTERNATIVA

Puede hacerse esta actividad con los oídos: sonidos, ruidos y voces que han escuchado los últimos días; con los pies: lugares que han pisado, diferente tipo de calzado, sensaciones de libertad o cansancio…; o con la nariz, describiendo los olores que perciben habitualmente en un día normal.

23 Seré tú por un día

NIVEL: Elemental- Intermedio

DURACIÓN: 30 minutos

PREPARACIÓN

No necesita.

PROCEDIMIENTO

1 Los alumnos escriben cuatro o cinco afirmaciones sobre lo que hicieron el día anterior. Hay que decirles que compartirán esta información.

2 Intercambian la hoja con un compañero que a su vez tiene que escribir un párrafo en primera persona del singular, ampliando las frases que ha recibido.

3 Anímelos a que se pongan en el lugar del compañero y mediante el uso de adjetivos y adverbios escriban cómo se sintieron y reaccionaron en esas situaciones. Pueden incluso inventar algún hecho ficticio si quieren.

4 Se devuelven las hojas a sus creadores y comentan con el compañero lo que han escrito.

5 Como alternativa para esta puesta en común final, puede poner juntas a dos parejas que han intercambiado datos y texto y pedirles que cada alumno lea en voz alta su texto al grupo; el protagonista de los hechos debe entonces hacer sus comentarios sobre cómo fue realmente el día.

24 Perfiles

NIVEL:	Intermedio
DURACIÓN:	50-60 minutos (dependerá del número de alumnos; con 15 estudiantes, lleva unos 50 minutos)

PREPARACIÓN

Una serie de preguntas. Escriba cada una de ellas en una tarjeta y reparta una por alumno. Es importante que sean apropiadas para la edad e intereses de los estudiantes. Ejemplo en una clase de adultos:

¿Te has visto envuelto alguna vez en un accidente de coche?

¿Qué te causa rechazo de la gente?

¿Qué juguete te hubiera gustado tener de niño?

Si trabajaras en un zoológico, ¿a qué animal te gustaría cuidar?

¿Qué profesión –distinta de la tuya- te hubiera gustado tener?

¿Has conocido alguna vez a alguien famoso?

¿Cuál es tu tipo de ropa /comida / música favorito?

¿Cómo es tu tarde de fin de semana ideal?

En una clase anterior puede escribir dos o tres de estas preguntas en la pizarra y pedir a sus alumnos que le ayuden a completar la lista con preguntas interesantes que permitan descubrir cómo es una persona.

PROCEDIMIENTO

1. Distribuya las tarjetas de forma que cada alumno tenga una pregunta distinta.
2. A continuación, los alumnos circulan por la clase haciéndole esa pregunta a todos los compañeros que puedan y toman notas de las respuestas. Dígales que el resto de la clase las verá luego.
3. Al cabo de unos 10 minutos, dele a cada uno el nombre de un alumno de la clase.
4. Vuelven a moverse por la clase pidiendo información sobre ese compañero en particular.

24 Perfiles

ANNA:	*Steven, ¿has hablado con Linda?*
STEVEN:	*Sí, le he preguntado si se había visto envuelta alguna vez en un accidente de coche.*
ANNA:	*¿Y qué te ha dicho?*
STEVEN:	*Me ha dicho que tuvo un accidente el año pasado cuando viajaba como pasajera pero que nadie resultó herido. ¿Y has hablado con Jens?*
ANNA:	*Sí, le he preguntado qué es lo que le causa rechazo de la gente, y me ha dicho que…*

Tienen unos 10-15 minutos para recopilar tanta información como sea posible sobre su compañero. Anímeles a que tomen notas.

5 Una vez hayan terminado, vuelven a su sitio para leer y ordenar sus notas.

6 El siguiente paso será escribir el perfil del compañero asignado; se puede hacer en clase o como deberes.

7 En la clase siguiente se pueden colgar todos los perfiles en el aula o recogerlos y crear un libro de clase que podría circular por todos los grupos.

25 Preguntas con y sin respuesta

NIVEL:	Elemental-Avanzado
DURACIÓN:	30-40 minutos

PREPARACIÓN

No necesita.

PROCEDIMIENTO

1. Deje a los alumnos que se levanten y circulen por el aula con el fin de encontrar una pareja.
2. Pídales que escriban un par de párrafos sobre aspectos de su vida que no les importe compartir con su pareja. Para alumnos que necesiten ayuda, puede proponerles temas concretos: alguna experiencia interesante reciente, momentos especiales de su infancia o juventud, su vida laboral, personas de su familia que les parezcan especialmente interesantes…
3. El alumno A y el alumno B intercambian las hojas. A escribe cinco preguntas sobre el texto de B, y B escribe otras cinco preguntas sobre el texto de A.
4. Se intercambian las hojas de nuevo. Lo que tiene que hacer A no es responder a las preguntas de B sino escribir un párrafo sobre cada pregunta, comentándola.
5. Después, A redacta cinco preguntas que le hubiera gustado que B le hubiera hecho. Mientras tanto, B escribe comentarios sobre las preguntas de A y también las cinco preguntas que le hubiera gustado que A le hubiera hecho.
6. Las parejas se vuelven a intercambiar las hojas por tercera vez. Contestan a las preguntas del compañero (las primeras que se escribieron).
7. Se intercambian las hojas otra vez, leen las respuestas y hablan de todo el proceso.
8. Discusión plenaria sobre la experiencia.

AGRADECIMIENTO

Hemos aprendido esta actividad de Rod Bolitho durante un taller de Laurel en Goiania, Brasil.

26 Reinventar la realidad a partir de unas fotos

NIVEL: Elemental-Intermedio

DURACIÓN: 30 minutos

PREPARACIÓN

En la sesión anterior pídales a los alumnos que lleven a clase una foto de un miembro de su familia o de un amigo. Es conveniente que usted lleve una o dos fotos de su familia o de amigos por si algún alumno se olvida.

PROCEDIMIENTO

1 Recoja las fotos y colóquelas encima de la mesa.

2 Pida a los alumnos que cojan una foto que encuentren interesante con la condición de que no sea la suya.

3 Deben imaginar que la persona de la foto es un amigo o familiar suyo. A continuación escriben un borrador sobre su apariencia, edad, intereses, personalidad y carácter.

4 Este borrador lo pueden escribir solos o todos al mismo tiempo con la ayuda guiada del profesor. En este caso, el profesor pide que tomen notas de cada uno de los temas que va proponiendo: ¿Qué edad tiene? ¿A qué se dedica? ¿Cómo imaginas su carácter? ¿Qué tipo de ropa lleva normalmente? ¿Cómo es su casa? etc., dejando el tiempo apropiado en cada pregunta para que alumnos piensen y anoten brevemente sus ideas.

5 Con la ayuda de las notas que han ido tomando y haciendo uso de la imaginación y de sus hipótesis, escriben un párrafo sobre la persona en cuestión y su relación con ella. Dígales que este párrafo se expondrá en clase.

6 Ponga las fotografías y los textos en la pared para que todos pueden leerlos y comentarlos.

27 La técnica del «sandwich story»

NIVEL: Intermedio bajo-Intermedio alto

DURACIÓN: 40-50 minutos

PREPARACIÓN

No se necesita si utiliza la siguiente historia que ya está preparada.

PROCEDIMIENTO

1 Explique a los alumnos que usted y ellos van a crear juntos una historia.

2 Dícteles la primera parte:

Los tres vivían juntos en el pueblo: la madre, el padre y su hijo de tres años. No eran los más pobres del pueblo. La madre no era una mujer feliz.

3 Pida a sus estudiantes que escriban tres frases **negativas** sobre la familia y el pueblo, que más tarde un compañero leerá.

4 Cuando hayan terminado, dícteles lo siguiente:

Y luego, un día, se declaró la guerra y el padre tuvo que alistarse en el ejército. ¿Qué supuso la guerra? ¿Qué le ocurriría al hombre?

5 Haga que escriban tres **preguntas** más.

6 Cuando lo hayan hecho, dícteles este fragmento:

El niño le preguntaba insistentemente a su madre, «¿Dónde está papá?». También le preguntó muchas cosas más.

7 Invíteles a que escriban dos **preguntas** más que **el niño le pudo haber hecho a su madre**.

8 Una vez hayan terminado, dícteles lo siguiente:

Era de noche y el niño volvió a preguntar dónde estaba su papá. Su madre encendió la vela que estaba al lado de la cama del niño, señaló su propia sombra que se reflejaba en la pared y dijo: «Mira, tu papá ha vuelto».

9 A continuación, mándeles que escriban tres **afirmaciones** sobre cómo vivían el niño y su madre.

27 La técnica del «sandwich story»

10 Finalmente, dícteles la última parte:

El soldado resultó herido en la guerra. Volvió a su hogar. Al entrar en el patio y ver a su hijo jugando en el suelo, extendió los brazos hacia el niño y este le dijo:

«¿Quién eres?».

«Soy tu padre».

«No, tú no eres mi papá, mi papá solo viene de noche».

11 Pida a sus estudiantes que escriban varias frases para concluir la historia.

12 Haga parejas para que le cuenten su historia al compañero.

NOTA

Esta forma colaborativa de contar una historia permite que los alumnos produzcan textos más detallados y correctos que los que podrían escribir solos.

AGRADECIMIENTO

Por lo que sabemos, la técnica «sandwich story-telling» apareció por primera vez en John Morgan *et alli*, *Once Upon a Time*, Cambridge, 1985.

28 Cosas que se dicen o se oyen en unas vacaciones

NIVEL:	Intermedio-Avanzado
DURACIÓN:	40-50 minutos

PREPARACIÓN

Una copia de este cuestionario para cada alumno.

a. No debería haber traído tantos bártulos, no necesito ni la mitad.
b. Ojalá hubiera traído más dinero.
c. No volveremos a quedarnos aquí.
d. Debería haberme traído ropa de abrigo, no pensaba que haría tanto frío.
e. Debería haberme traído ropa más fresca, no pensaba que haría tanto calor.
f. Ojalá tuviéramos restaurantes así nosotros.
g. ¿Tienes idea de cómo se come esto?
h. ¿Acaso esta gente no cree en las señales de tráfico?
i. Puedes encontrarlo en… a la mitad de precio.
j. ¡Qué lugar tan bonito! ¡Me encantaría vivir aquí!
k. Encantado/a de conoceros. ¿Por qué no os pasáis por casa cuando vayáis a…?
l. Nunca pensé que un mapa fuera tan confuso. Jamás me había sentido tan perdido/a en toda mi vida.
m. ¡Conducen como locos aquí!
n. ¡Qué buena idea que te hayas acordado de traer esto!
o. Recuérdame que mañana compre unas postales.
p. Esto es una verdadera trampa para turistas. No puedo imaginar por qué… nos dijo que viniéramos aquí.
q. Ojalá toda esta gente se hubiera quedado en casa.
r. No hemos venido hasta aquí para que pidas una hamburguesa.
s. No volveré a pasar unas vacaciones así.
t. No me puedo creer que haya que volver a casa ya.
u. ¿Qué es lo primero que vas a hacer cuando llegues a casa?
v. Todavía no hemos escrito ninguna postal.
w. Ha cambiado muchísimo desde la última vez que estuvimos aquí.
x. Por suerte no lo he necesitado.

28 Cosas que se dicen o se oyen en unas vacaciones

PROCEDIMIENTO

1 Reparta el cuestionario, o la selección de preguntas que le interese hacer, entre los alumnos y pídales que marquen cualquier afirmación que hayan dicho u oído ya sea textualmente o de forma parecida en sus últimas vacaciones. También pueden añadir cualquier otra cosa que hayan dicho u oído.

2 Ahora intercambian el cuestionario con un compañero. Déjeles 10 minutos para que hablen de las situaciones que han marcado.

3 Escriben su versión de las vacaciones del compañero basada en el cuestionario y la conversación.

4 Una vez hecho el trabajo escrito, se lo devuelven a su compañero que podrá comentarlo oralmente o por escrito.

29 Historias de tres

NIVEL: Elemental-Avanzado

DURACIÓN: 20-40 minutos, depende del nivel

PREPARACIÓN

Papel tamaño A4.

PROCEDIMIENTO

1 Haga grupos de tres y entregue a cada alumno una hoja de tamaño A4 donde dibujan lo que será el comienzo de una historia. Infórmeles de que tanto los dibujos como las historias que surjan circularán en el grupo y, eventualmente, podrán ser compartidas con toda la clase.

2 Pídale a cada alumno que le pase su dibujo a uno de los compañeros del grupo, que debe escribir una historia de una página basada en él. Todo esto sin hablar.

3 Cuando la mayoría haya escrito aproximadamente media página de la historia, invíteles a que le pasen su dibujo y la historia a medio terminar a otro compañero que le dará fin.

4 Cada grupo lee las tres historias que se han creado. Puede exponer los dibujos y las historias en las paredes de la clase para que todos los alumnos las lean.

AGRADECIMIENTO

La primera vez que experimentamos esta técnica fue con Bonnie Tsai, de Pilgrims, autora de *Business Recipes*.

30 Tal como éramos

NIVEL: Elemental-Intermedio

DURACIÓN: 30-45 minutos

PREPARACIÓN

Buscar una foto de su infancia.

PROCEDIMIENTO

1 En una clase anterior, pida a los alumnos que busquen fotos de su infancia y que las traigan a clase. Lleve usted también una suya. (Tenga en cuenta que tal vez necesiten varios días para conseguir una foto).

2 Reparta las fotos pegadas cada una en un folio, mejor en tamaño A3. Hágalo de forma que a ningún estudiante le toque su propia imagen.

3 Invíteles a que escriban 5 frases con características que imaginen de ese niño en la infancia (aspecto físico, carácter, amigos, juegos…).

4 Cuando acaban, los alumnos pasan su hoja al compañero de la derecha. Redactan cinco cosas que creen que ese niño hacía habitualmente. En el caso de que el alumno reciba su propia imagen, deberá cambiarsela a otro.

5 Pasan la hoja al compañero de la derecha y escriben entonces bajo la foto 5 frases prediciendo el futuro para esa persona. De nuevo, si el alumno recibe su propia imagen, deberá cambiarla con un compañero.

6 Para terminar, cada estudiante debe buscar la hoja con su foto y leer lo que sus compañeros han apuntado. En grupos, comentan los textos y si se parecen o no a la realidad.

NOTA

En el caso de que no sea posible encontrar fotos de la infancia, solicite a los estudiantes que hagan en casa un dibujo aproximado de cómo eran de pequeños.

31 Yo te enseño mi casa y tú la describes

NIVEL:	Elemental-Intermedio
DURACIÓN:	20 minutos

PREPARACIÓN

No necesita.

PROCEDIMIENTO

1 Diga a los alumnos que se levanten. Pídales que visualicen en la clase el cuarto de estar de su casa: dónde estarían la mesa, los sofás, la estantería, las ventanas...

2 Ahora emparéjelos: por turnos, cada uno debe llevar de paseo por su cuarto de estar a su compañero y explicarle qué hay y dónde está cada cosa. («Mira, aquí hay un mueble donde guardamos los álbumes de fotos, a la derecha un poco más allá está la tele...»).

3 Una vez que se han mostrado los dos cuartos de estar, los alumnos se sientan y A describe en su texto el cuarto de estar de B y B el cuarto de estar de A. Durante esta fase no pueden hablar ni comentar nada, y usar solo la información que recuerden. Dígales que hagan también un dibujo del plano de la habitación.

4 Intercambian los textos y los dibujos con el compañero con el que han trabajado y comentan qué diferencias y qué similitudes hay con la realidad.

ALTERNATIVA

Durante el paso 3, deben introducir también alguna sugerencia de mejora en el cuarto de estar de su compañero. Al final pueden comentarlo.

AGRADECIMIENTO

Aprendimos la técnica de los puntos 1 y 2 en un taller de Inés de la Calle sobre técnicas de teatro en la clase de L2.

Sección 3

Escritura en grupo

32 Un personaje extra

NIVEL: Intermedio-Avanzado (depende de la historia)

DURACIÓN: 45-60 minutos

PREPARACIÓN

No necesita.

PROCEDIMIENTO

1 Pida a los alumnos que cuenten una historia que les resulte familiar; puede ser un texto visto en clase, una noticia actual, el argumento de una película conocida o un cuento tradicional.

2 En grupos de tres o cuatro, escriben la historia añadiendo un personaje más a su nueva versión. (En una clase usamos a Caperucita Roja, un grupo describió a su hermana, otro grupo describió a su abuelo y en el tercero se incluyeron todos los miembros del grupo, que estaban de picnic y se vieron envueltos en la acción). Deben saber que otros grupos leerán las historias.

3 Una vez hayan terminado, todos leen las historias de los demás. Puede hacer una copia de cada historia para cada grupo o pedir que un voluntario lea en voz alta y para toda la clase el texto de su grupo.

4 Después, se pone una silla frente a la clase y, si las características del aula lo permiten, los alumnos se sientan en forma de «u» alrededor de la silla. Un alumno de cada grupo tendrá que ofrecerse voluntario para hacer de personaje extra y responder a las preguntas que le hagan los miembros de otros grupos. El voluntario se sienta en la silla frente a sus compañeros y contesta a las preguntas interpretando su papel. Si lo considera necesario, deje algunos minutos antes de cada «rueda de prensa» para que los alumnos preparen sus preguntas.

33 Todo el mundo colabora

NIVEL: Intermedio

DURACIÓN: 40-45 minutos

PREPARACIÓN

Papel tamaño A4.

PROCEDIMIENTO

1 Ponga a los alumnos en grupos de seis y asegúrese de que todos tienen papel A4. Pida a cada estudiante que escriba entre 2 y 4 oraciones sobre un lugar, una persona o un evento importante para él. Coménteles que se presentará más tarde ante el resto de la clase.

2 Entrega la hoja al compañero de la derecha que escribe unas 7 u 8 preguntas.

3 Se pasan de nuevo las oraciones y las preguntas y el siguiente alumno responde a las preguntas.

4 Se vuelven a pasar las hojas y el siguiente escribe un párrafo combinando las respuestas de las preguntas anteriores con las ideas sobre el tema propuestas por el primer autor.

5 Se hacen circular las hojas una vez más para que otro estudiante lea y edite el párrafo mejorando el estilo o la lengua; se pueden añadir, por ejemplo, adjetivos o adverbios.

6 Finalmente y una vez editado el párrafo, se pasa al sexto participante que hace un dibujo y se ocupa del diseño.

7 Los seis párrafos y los dibujos son expuestos en la pared para que todos puedan leerlos y saber lo que ha ocurrido con sus ideas.

ALTERNATIVA

Si no es posible dividir la clase en grupos de seis o prefiere trabajar con grupos más pequeños, proponga que el primer alumno realice los pasos 1 y 2 (oraciones y preguntas); el segundo, el paso 3 (contestar a las preguntas); el tercer alumno escribe un párrafo con las ideas de sus dos compañeros (paso 4) y un último estudiante lleva a cabo los pasos 5 y 6: mejorar y ampliar el estilo del texto y hacer un dibujo.

34 Ampliar preguntas y respuestas

NIVEL: A partir de Intermedio

DURACIÓN: 1.ª CLASE: 25 minutos
2.ª CLASE: 30 minutos

PREPARACIÓN

Papel de tamaño A4.

PROCEDIMIENTO

PRIMERA CLASE

1 Proponga un tema a la clase que le resulte interesante y escríbalo en la pizarra, por ejemplo:

Mi mejor amigo

Un lugar donde he estado

Un profesor que he conocido

2 Déjeles que escriban en la parte superior de un hoja A4 una oración breve relacionada con el tema, por ejemplo:

Mi mejor amiga se llama Anna.

El año pasado fui a México.

Cuando iba a la escuela mi profesor era don Aurelio.

Dígales que circularán las hojas por toda la clase y que irán añadiendo información.

3 Le pasan la hoja al compañero, que escribe 15-20 preguntas sobre su afirmación. Avíseles de que dejen un espacio entre preguntas. En este punto usted debe moverse por la clase corrigiendo los errores que hayan cometido. (No se sienta tentado a reducir el número de preguntas que tienen que escribir ya que las últimas suelen ser las más interesantes).

4 Se vuelven a pasar las hojas a un tercer alumno. El receptor lee las afirmaciones y las preguntas que las acompañan, responde a todas ellas inventándose las respuestas y las escribe en los espacios en blanco entre cada pregunta.

34 Ampliar preguntas y respuestas

5 Igual que antes, ayude a corregir los errores. En el caso de que se trate de una clase de nivel más bajo, el profesor puede recoger las hojas para corregir las preguntas y las respuestas. Asegúrese de que los alumnos han escrito su nombre antes de recogerlas.

SEGUNDA CLASE

6 Reparta las hojas entre los alumnos asegurándose de que nadie recibe la que ya tuvo en la primera clase. La tarea ahora consiste en escribir un texto basado en la afirmación, las preguntas y las respuestas que vienen en esa hoja. Dígales que esta nueva versión se le devolverá al alumno que escribió la afirmación original. Este texto también puede pedirles que lo hagan como deberes en casa.

7 Las versiones se devuelven al estudiante que escribió la afirmación original. Después de haber leído la versión, la comentan por escrito u oralmente con toda la clase.

FUNDAMENTO

Es una actividad en la que los alumnos no tienen que concentrarse en el contenido, lo cual les permite trabajar el estilo y la expresión.

35 Fantasía de unas vacaciones en grupo

NIVEL: Elemental-Intermedio

DURACIÓN: 40 minutos

PREPARACIÓN

Transparencias para retroproyector; una por cada cuatro alumnos.

Un retroproyector.

Prepare una breve descripción de un paisaje para que los alumnos lo dibujen, por ejemplo:

a. *En la parte superior izquierda hay una nube.*
b. *El sol sale de detrás de la nube. Se puede ver la mitad del sol.*
c. *Dibuja cuatro pájaros volando en la parte superior derecha.*
d. *Hacia la mitad del dibujo hay tres montañas en fila de izquierda a derecha.*
e. *Dibuja una casa a la izquierda de la montaña de la derecha.*
f. *En la esquina inferior derecha del dibujo hay un lago.*
g. *En el lago hay un velero.*
h. *Hay un sendero que conduce de la casa al lago.*
i. *A medio camino de este sendero hay una verja.*

PROCEDIMIENTO

1 Dicte el texto a la clase. Déjeles suficiente tiempo para hacerlo.

2 Reconstruya el dibujo en la pizarra: los alumnos ahora son los que le dictan a usted las características del dibujo.

3 Divida la clase en dos grupos, A y B, que al mismo tiempo hacen subgrupos de cuatro alumnos.

4 Cuénteles que todos fueron a este lugar el año pasado pero la mitad en invierno y la otra mitad en verano. (Si su clima es tropical, use la estación lluviosa y la estación seca).

5 Todos los alumnos del grupo A estuvieron en invierno o en la estación lluviosa y los del grupo B en verano o en la estación seca. Cada subgrupo de cuatro escribe un informe de las vacaciones en una transparencia.

35 Fantasía de unas vacaciones en grupo

6 Presentan sus vacaciones a los otros grupos, a los que se anima a que hagan comentarios y preguntas.

7 Como deberes, pida a los estudiantes que escriban una entrada en un diario o una postal de estas vacaciones a alguien que se haya quedado en casa.

ALTERNATIVAS

Para comenzar la actividad, y como alternativa a los pasos 1 y 2, puede llevar a clase una imagen de un paisaje y describírselo con detalle a los estudiantes para que lo dibujen. Cuando hayan terminado sus dibujos, enséñeles el original y cuélguelo en la pizarra para que esté a la vista mientras escriben.

Si no hay retroproyector, cabe la posibilidad de escribir en hojas de papel que se pueden colgar por la clase para que todos las lean.

36 Historias en grupo

NIVEL: Elemental-Intermedio

DURACIÓN: 30-40 minutos

PREPARACIÓN

No necesita.

PROCEDIMIENTO

1 Los alumnos piensan en palabras o frases que hayan aparecido en textos o en temas vistos en clase recientemente.

2 Cada uno escribe 5 palabras o frases basadas en ese tema; cada palabra o frase se escribe en un trozo de papel diferente.

3 Haga grupos de 5 o 6 alumnos. Recoja los trozos de papel, mézclelos y póngalos boca abajo en medio del grupo.

4 Pida a cada grupo que piense en un tema.

5 Un alumno coge un papel y usando la palabra o frase que aparece en él hace una frase sobre el tema que ha elegido el grupo.

6 Por turnos, todos los alumnos hacen lo mismo intentando crear un texto coherente, y así hasta que se hayan leído todos los papeles o la mayoría de ellos.

7 Basándose en esta producción oral, cada grupo escribe un texto que otros grupos leerán.

8 Deje tiempo para que toda la clase lo comente o lo discuta.

37 Palabras para un texto

NIVEL: Elemental-Intermedio

DURACIÓN: 30-40 minutos

PREPARACIÓN

No necesita.

PROCEDIMIENTO

1 Proponga un tema a la clase; ejemplo: una película, la última lección, las últimas noticias, etc.

2 Los alumnos tienen que formar una oración. Por turnos, cada uno dice una palabra, ejemplo:

A. *La*

B. *La pasada*

C. *La pasada semana*

D. *La pasada semana yo*

E. *La pasada semana yo fui*, etc.

3 Intervenga si se cometen errores o si las oraciones son demasiado largas. No deje que los alumnos escriban durante esta fase.

4 Una vez hayan terminado de formar la oración, pídales que la escriban.

5 Pase a la siguiente oración y vuelva a hacer lo mismo, es decir, los alumnos, por turnos, añaden una palabra para formar la oración y después todos la escriben.

6 Después de cuatro o cinco oraciones, trabajan individualmente y combinan lo que han escrito en un relato o texto. Pueden escribir una o dos oraciones adicionales al principio, a la mitad o al final, con la condición de que no se alteren las oraciones originales. Esta fase la pueden realizar individualmente o en grupos.

7 Si han trabajado en grupos, se puede hacer una puesta en común en la que un representante de cada grupo lee el texto a toda la clase. Si han trabajado individualmente, la puesta en común se puede hacer en grupos de 4 o 5 alumnos.

38 Escribir una historia basada en las noticias

NIVEL:	Intermedio-Avanzado
DURACIÓN:	45-60 minutos

PREPARACIÓN

A lo largo de una semana, recopile fotografías de periódicos que reflejen noticias locales, nacionales o internacionales. Pegue cada fotografía en una hoja de tamaño A4. En una clase pequeña (de menos de 15 alumnos) reparta una foto por alumno. En el caso de que haya más, dé una por pareja.

PROCEDIMIENTO

1 Distribuya las fotos. Si tiene más fotos que estudiantes en clase, déjeles elegir la que quieran.

2 Pídales que miren la imagen que les ha tocado y redacten cuatro o cinco palabras o frases que se les ocurran. Escriben sus ideas debajo de la foto que luego circulará por la clase.

3 Le pasan la hoja al compañero, que lee las palabras o frases y añade cuatro o cinco más. Luego, se vuelve a pasar la fotografía y se incorporan más frases o palabras, y así sucesivamente unas ocho veces hasta que haya unas 30-40 palabras o frases en total. La dificultad para que los alumnos añadan nuevas ideas aumenta progresivamente, pero normalmente sus aportaciones se van haciendo más interesantes hacia el final.

4 Devuélvale cada foto al primer estudiante, que ahora tiene recursos para escribir un breve texto a partir de las palabras o la foto. El ejercicio de expresión escrita se puede hacer en clase o como deberes.

ALTERNATIVA PARA GRUPOS DE NIVEL AVANZADO Y SUPERIOR

Mientras las fotografías circulan, dividen la hoja en dos columnas. Invíteles a que clasifiquen sus frases o palabras según las consideren hechos u opiniones. Esto puede influir en el proceso de escritura.

38 Escribir una historia basada en las noticias

ALTERNATIVA CON OTROS TEMAS

Esta misma dinámica puede llevarla a cabo para trabajar biografías con imágenes de personas conocidas, o la elaboración conjunta de una guía de la ciudad, con fotos de lugares y monumentos.

Puede fotocopiar todos los textos creados por los alumnos y elaborar un pequeño cuaderno o revista para distribuir en clase. A todos los estudiantes les va a interesar cómo se han incorporado sus ideas en cada texto final.

39 La familia feliz

NIVEL: Elemental-Avanzado

DURACIÓN: 20-40 minutos

PREPARACIÓN

No necesita.

PROCEDIMIENTO

1 Plantee en clase el tema de la familia y las relaciones entre hermanos, lo que pueda tener de positivo y de negativo también.

2 Divida a los alumnos en cuatro grupos: hermanos mayores, medianos, pequeños e hijos únicos.

3 Los alumnos trabajan individualmente durante dos minutos. Pídales que escriban una lista de todas las razones con las que puedan demostrar que su posición en la familia es la más injusta de todas.

4 Agrúpelos de tres en tres. Durante otros 3 o 4 minutos deberán cotejar sus listas y ampliarlas.

5 Haga cuatro grandes grupos: hermanos mayores, pequeños, medianos e hijos únicos. Deberán debatir para seleccionar las 10 mejores razones que justifican que su situación familiar ha sido la peor de las cuatro. Un secretario tomará nota de todo y hará de portavoz.

6 Puesta en común con toda la clase: los portavoces exponen sus conclusiones.

AGRADECIMIENTO

Esta actividad está basada en un propuesta de Jill Hadfield, *Classroom Dynamics*, OUP, 1992.

40 La frase escondida

NIVEL: Intermedio-Avanzado

DURACIÓN: 30-40 minutos

PREPARACIÓN

Prepara una lista de frases en función de los contenidos que quiera repasar en clase.

PROCEDIMIENTO

1. Escriba en trozos de papel diferentes frases breves, una para cada 4 o 5 estudiantes de clase. Para un nivel intermedio en el que quiera repasar usos de pasados en español, pueden valer estas como ejemplo: «Cuando desperté, ella ya no estaba». «Entonces descubrí que él no era mi padre». «Y hoy he visto claramente que quería envenenarme».
2. Los alumnos trabajan en grupos de 4 o 5. Entregue una frase a cada equipo y dígales que tendrán que escribir un diálogo en el que la frase aparezca, pero que deben «esconderla» muy bien para que cuando más tarde lean el diálogo a toda la clase, sea lo más difícil posible descubrir cuál es.
3. Mientras lo redactan, vaya por los grupos resolviendo las dudas que puedan surgir. Indíque también a cada equipo que para esconder bien la frase lo que deben hacer es usar el mayor número posible de formas lingüísticas del mismo tipo que las de la frase (verbos en pasado en este caso).
4. Cada grupo designa a dos personas para leer en voz alta el diálogo. Dígales que pueden leerlo dos veces. El resto de la clase debe estar atenta para intentar descubrir cuál es la frase que les entregó el profesor.

ALTERNATIVA

Hemos probado la eficacia de esta actividad también para revisar en clase usos del subjuntivo o expresiones y frases hechas en español.

41 De las palabras al poema

NIVEL: Cualquiera; dependerá del texto escogido

DURACIÓN: 30-40 minutos

PREPARACIÓN

Buscar un poema o la letra de una canción adecuados al nivel de los alumnos.

PROCEDIMIENTO

1 Pida a sus alumnos que se agrupen en parejas o de tres en tres. No conviene que los grupos sean más grandes para que cada alumno pueda aportar el mayor número posible de ideas.

2 Dígales que van a escribir un poema a partir de algunas palabras que usted va a ir proponiendo y que al final podrán comparar sus textos con el original. Añada también que tendrán que ser rápidos para tomar decisiones sobre qué quieren escribir.

3 Deles tres o cuatro palabras del primer verso. Cada grupo dispone de un minuto para escribir un verso en el que deben aparecer esas tres o cuatro palabras. Cuando acaba el minuto, proporciónele tres o cuatro palabras del segundo verso y otros sesenta segundos para escribir. Y así sucesivamente hasta completar todos los versos del poema o de la canción. Infórmeles de que el poema resultante será leído por compañeros de otro grupo.

Para construir cada verso, el profesor puede escoger unas u otras palabras en función de hacia donde le interese dirigir la escritura de los alumnos: sustantivos y adjetivos si desea presentar léxico nuevo o dar pistas sobre el tema del poema; verbos si quiere trabajar formas concretas; o simplemente preposiciones y conjunciones si prefiere dejar en mano de los estudiantes la decisión completa sobre forma y contenido del verso. Lo ideal es ir alternando opciones para cada línea del poema.

4 Cuando terminan, cada grupo le pasa su texto a compañeros de otro equipo para que lo lean, le pongan un título y propongan las correcciones necesarias. Después, devuelven el texto a sus autores. Puede pedir que algunos grupos lean sus poemas o algunos versos en voz alta.

5 Para terminar, entregue el poema original a los alumnos y pídales que lo lean.

Sección 4

Escribir representando un papel

42 «Los días de la semana» escriben a «los meses del año»

NIVEL: Elemental-Intermedio

DURACIÓN: 30-40 minutos

PREPARACIÓN

No necesita.

PROCEDIMIENTO

1. Pida a un estudiante que escriba en la pizarra de forma desordenada los meses y los días de la semana.
2. Asígnele a la mitad de la clase el papel de «meses»: «Shiho, tú eres marzo; Mark, tú eres febrero», etc. (No importa si hay más o menos alumnos; se puede prescindir de algunos meses o usarlos dos veces). Asigne el papel de «días de la semana» a la otra mitad de la clase. Cada alumno elige una pareja del otro grupo y una vez hecho vuelve a su asiento.
3. Cada uno en su papel, por ejemplo, diciembre o miércoles, escribe una carta de una página a su compañero preguntándole cómo se siente siendo ese día o mes en particular, miércoles o diciembre, y contándole por qué su periodo de tiempo es mejor que otros.
4. Después de escribir las cartas, intercambian los textos y escriben sus respuestas. Las parejas se juntan, leen las respuestas y hablan de la experiencia.

ALTERNATIVAS

Aquellos alumnos interesados en aspectos de lengua podrían elegir categorías gramaticales diferentes: adjetivo, verbo, sustantivo, pronombre, etc. Escriben cartas a sus compañeros teniendo en cuenta la categoría que han elegido y la del destinatario.

Con un grupo de químicos se usó la Tabla Periódica de una manera parecida. Un alumno era Au (oro) mientras otro era Pb (plomo).

Con estudiantes con inclinación musical, se les puede pedir que tomen el papel de un instrumento o de una nota; por ejemplo, un alumno puede ser una blanca y otro una semicorchea.

En todos estos casos, empiece la actividad con una lluvia de ideas con el fin de facilitar el léxico y usted o un estudiante anota las palabras en la pizarra.

43 Una mano falsa

NIVEL: Elemental-Intermedio

DURACIÓN: 30-40 minutos

PREPARACIÓN

No necesita.

PROCEDIMIENTO

1 Pida a dos o tres alumnos que caminen por la clase pero no les explique la razón. Los demás tienen que comentar su forma de caminar. Infórmales de que la forma de caminar es una característica personal como también lo es la forma de leer. Elija a dos o tres alumnos para que lean un breve párrafo sacado de un libro de texto. Los demás deben hacer comentarios sobre el uso de la voz.

2 Cada estudiante copia un párrafo del manual de clase y lo firma. Dígales que más tarde serán expuestos.

3 Se cuelgan los párrafos por las paredes del aula y todos circulan observando con atención la letra de sus compañeros.

4 Pregunte a los alumnos si en algún momento de su vida han escrito algo cambiando deliberadamente la letra y por qué. (Padres que escriben como si fueran un rey mago o el ratoncito Pérez, un intento de imitar la letra de alguien, ejercicios de caligrafía escolar...).

5 Cada uno redacta una carta de tres párrafos al compañero que quiera. (Deben saber que será vista por todo el grupo y no solo por el destinatario). No firman la carta y la escriben cambiando la letra. Una forma de hacerlo es imitar deliberadamente la letra del padre, la madre, un amigo, etc. Para facilitar la tarea, puede proponer un tema común: qué he hecho hoy, planes para el fin de semana, etc.

6 Se ponen todas las cartas en un montón y cada alumno coge una, asegurándose de que no sea la que ha escrito él. La tarea consiste en adivinar quién es el autor. Para ello, pueden circular por la clase y comparar la letra con las muestras expuestas en la pared. Luego, lo comprueban con la persona a la que creen que le pertenece.

7 Finalmente, se entregan las cartas a sus destinatarios.

43 Una mano falsa

FUNDAMENTO

La forma en la que caminamos, comemos, hablamos o escribimos son todos aspectos que nos definen. Para algunos lectores, la letra puede ser una parte significativa de un mensaje escrito; una parte que se pierde cuando usamos un teclado.

AGRADECIMIENTO

Simon Marshall nos hizo plantearnos la creación de ejercicios de caligrafía.

44 De un dibujo en grupo a escribir un diálogo

NIVEL: Inicial-Elemental

DURACIÓN: 30-40 minutos

PREPARACIÓN

No necesita.

PROCEDIMIENTO

1 Dígales a los alumnos que van a hacer un dibujo en la pizarra todos juntos. Cada uno puede dibujar solo un elemento, por ejemplo, una persona puede dibujar un árbol pero no le puede añadir nada más, como una escalera apoyada en él. Los estudiantes van saliendo a la pizarra uno tras otro. Los que dibujen algo al principio del proceso pueden volver a salir más tarde. El papel del profesor consiste en mantenerse apartado, disfrutar del silencio y observar. El proceso termina cuando hayan dibujado 15-20 elementos.

2 Pida a un «secretario» que salga a la pizarra y que con la ayuda del grupo escriba el nombre de cada elemento dibujado (objeto, animal o característica natural). En este punto el profesor puede volver a adoptar el papel de observador.

3 Forme parejas. Anímales a que, individualmente, piensen en alguna característica, animal u objeto del dibujo con el que se identifiquen. Cada alumno asume ese papel y escribe la primera línea de un diálogo que podría tener lugar entre él y el papel elegido por su compañero. (Así, por ejemplo, el sol le puede escribir al estanque). Comente que quizás tengan que representar su diálogo delante de la clase.

4 Después de escribir la primera línea de sus diálogos, las parejas se intercambian los papeles y redactan una respuesta representando ese papel.

5 Deben seguir intercambiándose los papeles hasta que hayan llenado una página con cada texto.

6 Elija tres o cuatro parejas del grupo para que representen su diálogo; cada miembro de la pareja representará su papel.

44 De un dibujo en grupo a escribir un diálogo

ALTERNATIVA 1

Pida a los estudiantes que, individualmente, inventen un diálogo entre las dos características que elijan del dibujo y lo escriban.

ALTERNATIVA 2

Diga a los alumnos que piensen en el dibujo como la tercera viñeta de una historia y pídales que después escriban la historia.

45 Mirarse en el espejo

NIVEL: Intermedio-Avanzado

DURACIÓN: 1.ª CLASE: 2 minutos
2.ª CLASE: 40-50 minutos

PREPARACIÓN

No necesita.

PROCEDIMIENTO

PRIMERA CLASE

1 Invite a los alumnos a que en un espejo en casa, se miren larga y detenidamente y a continuación escriban una descripción objetiva y científica de su cara. (Otros miembros de la clase verán esta descripción).

2 Pídales que lleven a la siguiente clase la descripción y un espejo de mano.

SEGUNDA CLASE

3 Los estudiantes forman pareja con un compañero con el que se llevan bien y se sientan uno frente al otro. Cada uno de ellos redacta una descripción de media página sobre la cara del otro. (Deben saber que este texto junto con otros que escribirán más adelante, serán vistos por otros miembros de la clase). Infórmeles de que usted les ayudará con los aspectos de lengua si lo solicitan.

4 Ahora, individualmente, cada uno se mira en su espejo y escribe un autorretrato realmente favorecedor. Debe ocupar media página y estar escrito desde el punto de vista de alguien a quien de verdad le gusta.

5 Pídale a cada alumno que ahora se imagine que es un extraterrestre y escriba tres frases descriptivas y muy negativas sobre su cara.

6 Junte a dos parejas formando así grupos de cuatro, para que comparen los cuatro textos que ha escrito cada uno.

NOTA

Se puede encontrar un ejercicio similar usando una videocámara en lugar de un espejo con Cooper *et al.*, en *Video*, Oxford, 1989.

46 Mismo suceso; diferentes puntos de vista

NIVEL:	Intermedio-Avanzado
DURACIÓN:	30-45 minutos

PREPARACIÓN

No necesita.

PROCEDIMIENTO

1 Dicte este texto a la clase:

Juan acababa de aprobar el examen de conducir. Era un día lluvioso y había estado conduciendo durante tres horas. Entró en una curva, el coche derrapó, dio una vuelta de campana y se incendió. Por suerte, Juan salió despedido del asiento del conductor y aterrizó en un arbusto.

2 Escriba estos ocho roles en la pizarra:

- El profesor de autoescuela de Juan
- Un ingeniero de carreteras locales
- La abuela de Juan
- Un investigador de una compañía de neumáticos
- Juan
- El terapeuta de Juan
- Un ingeniero de una cadena de fabricación de coches
- La novia de Juan

3 Explique a los estudiantes que cada persona tiende a atribuir diferentes causas al mismo evento. Pídale a cada alumno que elija dos de los roles de la pizarra y que redacte media página sobre las causas del accidente en un máximo de 15-20 minutos. Tienen que escribir en primera persona, como si fueran la abuelita, el ingeniero de una cadena de coches, etc. (Infórmeles de que otros miembros de la clase leerán los textos).

4 En grupos de cuatro, leen en voz alta los ocho textos que han escrito.

5 Para terminar, pida que los miembros de cada grupo seleccionen el texto más interesante que hayan escuchado y que su autor lo lea en voz alta para toda la clase.

46 Mismo suceso; diferentes puntos de vista

ALTERNATIVA

Puede hacer esta actividad a partir de cuentos tradicionales conocidos por los alumnos. Lea el final de Caperucita, por ejemplo, en clase y pida que cada uno adopte uno o dos papeles: lobo, abuela, cazador, caperucita, madre y describa las causas que llevan a ese final de la historia.

AGRADECIMIENTO

Este ejercicio fue inspirado por una idea de Richard Shweder, *Why do Men Barbecue? Recipes for Cultural Psychology*, Harvard University Press, 2003.

47 Adivinar la respuesta

NIVEL: Intermedio bajo-Avanzado

DURACIÓN: 30-40 minutos

PREPARACIÓN

Un trozo de cuerda de treinta centímetros de largo por pareja de alumnos.

PROCEDIMIENTO

1. Forme parejas al azar: sostenga las cuerdas por la mitad y pida a cada alumno que agarre un extremo pero sin tirar. Suelte las cuerdas y los estudiantes quedarán emparejados al azar.
2. Los miembros de la pareja se sientan uno enfrente del otro.
3. Cada alumno le escribe una carta de una página a su compañero.
4. Pídale a cada pareja que intercambie las cartas y que cada uno escriba una respuesta de cuatro oraciones a la carta que acaba de recibir.
5. A continuación, cada estudiante escribe la respuesta de cuatro oraciones que **espera** que su pareja acabe de escribir.
6. La pareja se junta y lee las seis cartas.
7. Si hay tiempo suficiente, coméntenlo conjuntamente e intente averiguar en clase cuáles son las diferencias más notorias entre las respuestas reales y las esperadas.

NOTA

Es útil tener preparados algunos temas para proponer a los estudiantes que necesiten ayuda a la hora de decidir el tema de su carta.

48 El todo escribe a las partes

NIVEL: Intermedio-Avanzado

DURACIÓN: 30-45 minutos

PREPARACIÓN

No necesita.

PROCEDIMIENTO

1 Divida la clase en grupos de tres y pídales que decidan quién es A, B y C, luego se separan y se sientan dejando cierta distancia con sus compañeros de grupo.

2 Pida a los alumnos que le digan los nombres de las partes de un coche y anote las palabras en la pizarra. Ayúdeles con el léxico de las que no conocen.

3 Explique que los alumnos del grupo A son el **coche**, los del B son el **volante** y los del C, los **frenos**. El coche le escribe una carta de media página al volante y otra a los frenos. El volante le escribe una carta de media página al coche y a los frenos. Igualmente, los frenos le escriben al coche y al volante. (Infórmeles de que todo su grupo compartirá las cartas).

4 Entregan las cartas a sus compañeros tan pronto terminan de escribirlas. Cada alumno tendrá entonces dos cartas a las que responder.

5 Al final de esta segunda fase de escritura, junte a los tres miembros del grupo para que lean las respuestas y comenten toda la actividad.

ALTERNATIVAS

1 Haga lo mismo con el léxico de partes del cuerpo. Después, el cuerpo puede escribir a las manos y al estómago y viceversa. Otra opción es trabajar con la casa y dos de sus partes (baño, armario, sótano, chimenea…).

2 En lugar de que los alumnos trabajen en grupos de tres, pueden hacerlo en parejas; el **todo** le escriba una carta de una página a una **parte** y viceversa. Así, puede haber correspondencia entre:

- Volcán y Lava
- Río y Fuente
- Borracho e Hígado
- Casa y Tejado

AGRADECIMIENTO

Aprendimos la alternativa 2 de Burbidge *et alli*, *Letters*, OUP, 1996.

49 Diálogos entre víctima, perseguidor y rescatador

NIVEL: A partir de Intermedio

DURACIÓN: 20-30 minutos

PREPARACIÓN

Asegúrese de que tiene la traducción de las palabras *víctima*, *perseguidor* y *rescatador* en la lengua materna de los alumnos. Copie cada uno de los siguientes diálogos en diferentes trozos de papel; es suficiente con una copia por cada tres alumnos.

Estaré a tu lado.
Te dejo.
Creo que estoy embarazada.

Simplemente tienes que pagarme.
No puedo pagar.
Escucha, te ayudaré; yo pagaré.

Nunca tengo dinero suficiente.
¡Te has gastado el dinero! ¡Ni un duro más!
Puedo dejarte un billete de cinco euros.

PROCEDIMIENTO

1 Haga grupos de tres alumnos y reparta los trozos de papel, de forma que cada grupo de tres tenga un diálogo. Avíseles de que deberán actuar delante de la clase y déjeles 7 minutos para que decidan lo siguiente:

- Qué personaje dice cada frase
- Su relación con los otros dos
- La hora del día
- Dónde están
- Cómo van a declamar el texto

2 Varios grupos de tres salen al frente de la clase y representan sus textos. Pídale a cada equipo que represente dos veces la pequeña escena. Reparta el resto de los papeles para que cada grupo tenga las tres escenas.

3 Escriba *Perseguidor, Víctima, Rescatador* en la pizarra y añada las traducciones en la lengua materna. Pida a los estudiantes que identifiquen al perseguidor, la víctima y el rescatador en cada conversación.

49 Diálogos entre víctima, perseguidor y rescatador

4 Pídales a los grupos que se inventen otras tres conversaciones de tres frases entre perseguidor, víctima y rescatador, y que se preparen para representarlas de forma convincente. Si ve que los alumnos están animados con la actividad, anímeles a que amplíen los diálogos y no se limiten a escribir tres frases. Dese una vuelta por el aula y ayúdelos.

5 ¡A escena!

AGRADECIMIENTO

Le agradecemos a Jim Wingate que nos haya enseñado esta serie de ideas del análisis transaccional.

50 Opiniones sobre una casa

NIVEL: Elemental-Avanzado

DURACIÓN: 30-40 minutos

PREPARACIÓN

Prepárese para describirle su casa a los alumnos desde dos puntos de vista. En primer lugar, desde el de alguien a quien le gusta mucho y, en segundo, desde el de alguien a quien no le gusta.

PROCEDIMIENTO

1 Haga una descripción muy positiva de su casa.

2 Pídales que piensen en su casa, que recuerden una persona que la haya visto y que le guste mucho. Después, tienen que escribir entre tres párrafos y una página sobre su casa en palabras de esa persona. (Déjeles claro que compartirán esta información en grupos).

3 Ahora haga una descripción negativa de su casa.

4 Dígales que piensen en su casa y que hagan una descripción en palabras de una persona, real o imaginaria, que la haya visto y no le guste nada. (También la compartirán).

5 Ponga a los alumnos en grupos de cuatro para que escuchen lo que los demás compañeros han escrito.

ALTERNATIVA

Puede plantear la misma actividad con la ropa que normalmente se ponen, su currículum o el lugar al que suelen ir de vacaciones. En todos los casos, antes de pedir a los alumnos que escriban, lea usted una descripción positiva y negativa de su ropa, currículum o lugar de descanso.

51 Escribir a un personaje

NIVEL: Intermedio bajo-Avanzado

DURACIÓN: 20-40 minutos

PREPARACIÓN

No necesita.

PROCEDIMIENTO

1 Pida a un voluntario que piense y le diga a la clase lo que más le gustaría ser en ese preciso instante, si pudiera convertirse de repente en un objeto, un animal o una persona diferente.

2 Una vez lo haya hecho, invite a cada uno de los demás alumnos a que escriba una pregunta dirigida al voluntario en su nuevo papel. Si ha decidido convertirse en una gaviota, por ejemplo, los demás pueden redactar cosas como:

¿Cuánto tiempo pasas en el agua? ¿Cómo se ve la ciudad desde el aire? ¿Tienes amigos?

3 La clase le va haciendo las preguntas al voluntario que responde representando su papel.

4 Ahora que cada alumno escriba una carta de media página dirigida al voluntario, mientras que él redacta otra aclarando a sus compañeros cómo se siente en su nuevo papel. (Las cartas podrán ser leídas en voz alta a toda la clase).

5 Elija a varios estudiantes para que lean en voz alta sus cartas. Después, el voluntario lee la que ha redactado. Si hay tiempo suficiente, se comenta conjuntamente.

ALTERNATIVA

Si la clase es numerosa, puede hacer esta actividad en grupos. En cada equipo habría un voluntario que adopta el papel del personaje que elija. Al final, y como puesta en común con toda la clase, puede pedir que se lean en voz alta las cartas más interesantes de cada grupo.

AGRADECIMIENTO

Este ejercicio está basado en otro de la Sección 3 de Burbidge *et alli*, *Letters*, Oxford, 1996.

52 Escribir a los estilos de música

NIVEL: Elemental-Avanzado

DURACIÓN: 30-40 minutos

PREPARACIÓN

No necesita.

PROCEDIMIENTO

1 Lleve a cabo una lluvia de estilos de música y escríbalos en la pizarra, por ejemplo:

Clásica, ópera, mambo, salsa, tango, bolero, rumba, merengue, hip-hop, pop, rock, punk, gregoriano…

2 Haga parejas al azar. Pídales que trabajen individualmente y decidan qué estilo de música describe mejor la personalidad de su compañero. Supongamos que el alumno X decide que el alumno Y es una canción punk, entonces le empieza a escribir una carta como esta: «Querido punk: …». El contenido de los textos que los estudiantes redactan depende de ellos.

3 Tan pronto como se termina de escribir la carta, se entrega, y en cuanto el destinatario la recibe, contesta.

ALTERNATIVA

Haga una lluvia de ideas de cualquier asunto, por ejemplo:

- Verduras (*Querida coliflor:*)
- Deportes (*Querido baloncesto:*)
- Muebles (*Querido sofá:*)
- Meses del año (*Querido abril:*)
- Flores (*Querido narciso:*)

53 Diálogo escrito en dos direcciones

NIVEL:	Elemental-Avanzado
DURACIÓN:	30-40 minutos

PREPARACIÓN

Papel de tamaño A4.

PROCEDIMIENTO

1 Si es posible, siente a los alumnos en círculo. Si en la clase hay bancos fijos, el ejercicio se puede hacer también con los estudiantes en sus filas.

2 Describa una situación en la que una madre o un padre está esperando despierto a que su hijo adolescente vuelva a casa por la noche. El reloj da la media noche y el chico no aparece. El padre o la madre prepara café y empieza a preocuparse cada vez más. Son más de las dos y todavía no llega. Finalmente, a las 3.05 se abre la puerta y entra el adolescente. Pida a los alumnos que piensen en lo que dirían en este momento si fueran la madre o el padre.

3 Compruebe que cada estudiante tiene una hoja de tamaño A4, y pídales que escriban en la parte superior y según su opinión, la reacción más probable del progenitor. (Se hará circular la hoja y puede ser que su opinión se lea a la clase). Cada alumno le pasa el papel a la persona que tiene a la izquierda (o detrás, si es que está sentado al final de la fila). La persona que lo recibe escribe a continuación la respuesta del adolescente a su padre o madre.

4 Todo el mundo en clase ha escrito la línea del diálogo del adolescente. Ahora todos vuelven a pasar su papel a la persona de su derecha. Esta persona, que fue la primera en escribir la frase del adulto, ahora escribe su respuesta al adolescente. La actividad continúa así, cada alumno participa en dos diálogos escritos por separado; uno con su «hijo» y otro con su «progenitor». (Cada estudiante tiene a su «hijo» a la izquierda y a su «progenitor» a la derecha).

5 Termina la actividad cuando hayan completado entre una página y una página y media, y antes de que los autores comiencen a desfallecer. Pida a algunos voluntarios que lean sus diálogos a la clase. Cada uno lee su parte.

53 Diálogo escrito en dos direcciones

ALTERNATIVA

Se puede usar esta técnica una y otra vez en otras situaciones de conflicto binario, por ejemplo:

- Un conductor multado por exceso de velocidad y una mujer policía.
- Un profesor y un estudiante que raramente hace los deberes.
- Marido y mujer que le reprocha no hacer nada en casa.
- Un político evasivo y un periodista sagaz.

AGRADECIMIENTO

La primera vez que publicamos este ejercicio fue de Malamud and Mac-Hover, Charles C. Thomas, *Grammar in Action Again* en los años 80. Aprendimos esta técnica de *Towards Self-understanding*, Illinois, 1965.

54 Tu dibujo, mi historia

NIVEL: Elemental-Avanzado

DURACIÓN: 30-40 minutos

PREPARACIÓN

No necesita.

PROCEDIMIENTO

1 Pida a los alumnos que, trabajando individualmente, recuerden un incidente del pasado. Después, dedican cinco minutos a dibujar ya sea en una sola imagen o en una historieta.

2 Los estudiantes se levantan y circulan por la clase en busca de un compañero con el que trabajar. Una vez lo encuentran, intercambian los dibujos sin hablar de ellos y vuelven a su silla.

3 Cada uno escribe una página contando la historia del incidente que se refleja en el dibujo del compañero, y lo hace en primera persona, como si lo contara el otro. (Se compartirá con la clase).

4 Se juntan las parejas, leen el relato del compañero y lo comparan con la historia real.

AGRADECIMIENTO

La idea del Paso 1 la aprendimos de Tom Mohan, escribiendo en la sección «Beitraeg» del último *Zielsprache Englisch* en 1999.

Sección 5

Escritura intrapersonal

55 Silla feliz, silla triste

NIVEL: Elemental-Avanzado

DURACIÓN: 20-40 minutos

PREPARACIÓN

No necesita.

PROCEDIMIENTO

1 Pida a sus alumnos que se relajen, se sienten cómodamente, cierren los ojos y visualicen una silla cualquiera. A continuación, tienen que visualizar la silla en una escena de una comedia o en una historia divertida. Esta imagen se desvanece y ahora se imaginan que la silla está en una escena neutral; ni feliz ni triste. Seguidamente, se encuentra la silla en una escena triste y trágica.

2 Haga ahora que cambien de escena; de la escena triste vuelven a la cómica. Repiten este cambio mental varias veces finalizando con la escena alegre.

3 Ahora escriben una página sobre cómo ha sido la experiencia para ellos. Dígales que pueden elegir entre mantener su escrito en privado o leerlo a la clase.

4 Aquellos que quieran leer a los demás lo que han escrito, pueden hacerlo ahora.

FUNDAMENTO

El ejercicio facilita que los alumnos se den cuenta de cómo visualizan y contextualizan emocionalmente una escena. No todo el mundo es consciente de ello. Los ejercicios que obligan a los estudiantes a hacer algo que no han hecho antes en su lengua materna son particularmente efectivos en el aprendizaje de segundas lenguas.

56 Una experiencia que conduce a la escritura intrapersonal

NIVEL:	Intermedio-Avanzado
DURACIÓN:	30-40 minutos

PREPARACIÓN

Para la alternativa 2, se necesitan tres fragmentos breves de música (de 2 o 3 minutos cada uno) y el equipo para ponerla.

PROCEDIMIENTO

1 Haga que los estudiantes se levanten. Elija a un voluntario y póngase de pie detrás de él. Pídale que mueva su mano derecha mientras usted sigue los movimientos con su mano derecha. Explique al grupo que usted está intentando seguir a su compañero tan de cerca como puede, por lo que a veces se anticipa a su próximo movimiento.

2 Forme parejas para que hagan el ejercicio del espejo durante 45 segundos. Luego, el imitado pasa a ser el imitador durante otros 45 segundos. Todo el ejercicio debe desarrollarse en silencio.

3 Para que los estudiantes reflexionen, diga lo siguiente:

Me pregunto cómo os habéis sentido durante el ejercicio del espejo.

Me pregunto si preferíais dirigir o seguir lo que marca el compañero y por qué.

Me pregunto cómo os habéis sentido al estar en armonía con otra persona.

Me pregunto si alguno de vosotros se ha sentido agresivo.

4 Pídales que se sienten y, usando sus respuestas como trampolín, escriban la entrada de un diario en dos párrafos que solo ellos verán.

5 Después de cinco minutos escribiendo, busque otro voluntario y haga una demostración del espejo, esta vez con dos manos y mirando a su compañero. Cuando el espejo se hace bien, no hay ningún claro líder ni seguidor. Invíteles a que encuentren una nueva pareja y hagan este ejercicio en dos minutos; cronométrelo.

6 Para ayudar a que los alumnos reflexionen, pregúnteles:

¿Hemos dividido el espacio que había entre nosotros por igual?

56 Una experiencia que conduce a la escritura intrapersonal

¿Alguno de nosotros se ha convertido en el líder?

¿Cómo me he sentido?

¿Y la otra persona?

7 Luego, escriben una entrada de un diario en dos párrafos comenzando por sus respuestas.

8 Repiten el ejercicio del espejo pero con un nuevo compañero.

9 Redacten una tercera entrada de un diario pero esta vez resumiendo cómo ha sido toda la experiencia.

10 Termine con una discusión abierta.

ALTERNATIVA 1

1 Ponga a los alumnos en parejas para que caminen a ciegas por la escuela durante 10 minutos; un estudiante de cada pareja tiene los ojos vendados y su compañero lo guía asegurándose de que no le pase nada. Al cabo de 10 minutos, se intercambian los papeles.

2 Vuelven a clase y, en una página, escriben la entrada de un diario. De nuevo, se mantiene estrictamente en privado, para que realmente puedan ser tan abiertos y sinceros como quieran.

3 Termine con una breve discusión, ya que en este punto habrá alumnos que estén deseando hablar y compartir sus pensamientos.

ALTERNATIVA 2

1 Ponga dos veces el primer fragmento de música y luego, pida a los estudiantes que escriban media página sobre su reacción, que de nuevo se mantendrá en privado.

2 Ahora el segundo fragmento una vez; deben escribir su reacción.

3 Ponga el tercero dos veces; escriben su reacción a los tres fragmentos a la vez.

ALTERNATIVA 3

1 15 minutos antes del final de la clase, escriba este esquema en la pizarra:

56 Una experiencia que conduce a la escritura intrapersonal

El ritmo de la clase

Momentos en los que me he sentido interesado
Momentos en los que me he aburrido
Buenos momentos con otra gente
Malos momentos con otra gente
Algo inesperado que ocurrió
¿Qué tipo de animal, pez o pájaro he sido en esta clase?
¿Qué tipo de tiempo atmosférico ha sido el profesor?

2 Pídales que, en 10 minutos, escriban una entrada de un diario sobre cualquiera de los aspectos anteriores de la clase que les interese o cualquier otro aspecto.

FUNDAMENTO

Algunos colegas se preguntarán: «¿Para qué sirve que los alumnos redacten algo que se queda sin corregir?».

Para nosotros, introducir la lengua extranjera en la comunicación del alumno consigo mismo es un gran paso en su comienzo a «existir» en español, más que solo manipular componentes de la lengua. Cuando una persona se escribe a sí misma en una lengua extranjera, en ese mismo momento el código extranjero se siente menos extranjero. Quizás usted recuerda la primera vez que se dio cuenta de que estaba hablando consigo mismo en una lengua extranjera que estaba aprendiendo. También sentimos que es muy importante que algunos textos del estudiante estén más allá del alcance del bolígrafo rojo del profesor, que no deben ser escritos «para ser corregidos» sino simplemente para expresarse.

NOTA

Si se pide a los alumnos que escriban de vez en cuando «entradas en un diario», tiene sentido que ocasionalmente se les deje unos 10 minutos durante la clase para que vuelvan atrás y relean lo que han escrito; solo leerlo, en silencio.

57 ¿Me gusta hacer esto?

NIVEL:	Elemental-Avanzado
DURACIÓN:	1.ª CLASE: 5 minutos 2.ª CLASE: 15 minutos

PREPARACIÓN

Ponga a prueba el ejercicio usted mismo antes de pedirle a una clase que lo haga.

PROCEDIMIENTO

PRIMERA CLASE

1 Como tarea para casa, pida a los alumnos que sean conscientes, entre esta clase y la siguiente, de su estado de ánimo cada vez que enciendan o apaguen un interruptor de luz. Explíqueles que deben hacerse la siguiente pregunta:

¿Me gusta lo que estoy haciendo/ sintiendo/ pensando en este momento?

Por ejemplo, un padre entra en la cocina a primera hora de la mañana y al encender la luz encuentra los platos sucios que ha dejado su hijo adolescente, que ha decidido prepararse un festín de medianoche, puede, si la cocina había quedado limpia la noche anterior, sentir indignación, rabia o frustración.

La pregunta se podría hacer también sobre cualquier tarea rutinaria.

SEGUNDA CLASE

2 Pida a los estudiantes que trabajen solos y escriban algo que recuerden haber pensado o sentido en esos momentos. (Lo que escriban será mantenido en privado, nadie lo verá). Deben saber que el profesor está disponible si necesitan ayuda con aspectos de lengua pero que no pasará leyendo uno por uno todos los textos. Déjeles 10-20 minutos para realizar esta tarea.

3 Cuando hayan terminado de escribir, puede hacer una sesión general de *feedback* sobre cómo han ido la auto-observación y el texto.

NOTA

Escribir textos en español que solo el estudiante leerá es un paso muy importante para que haga de la lengua algo suyo, y a su vez es también algo que divierte y que acelera el proceso de aprendizaje.

58 Mejorar la realidad

NIVEL:	Elemental-Avanzado
DURACIÓN:	1.ª CLASE: 20-30 minutos 2.ª CLASE (*un mes después*): 5-10 minutos

PREPARACIÓN

Piense en una situación que esté preparado para compartir con sus alumnos, una situación en la que las cosas no salieron como usted quería. Reflexione sobre cómo contársela y sobre cómo le hubiera gustado que hubiera ido. Lleve a clase un sobre por alumno.

PROCEDIMIENTO

PRIMERA CLASE

1 Cuénteles a los alumnos una situación personal en la que usted no se quedó satisfecho con cómo fueron las cosas y cómo le habría gustado que hubiera ido. Explíqueles que todos hacemos a menudo algo parecido en nuestra cabeza.

2 Pida a los estudiantes que rememoren una situación negativa y que se la vuelvan a contar a ellos mismos como les habría gustado que hubiera sido. Cada uno escribe una página sobre esa nueva situación mejorada tal y como se la han imaginado. (Solamente el autor del texto lo verá).

3 Cuando hayan terminado de redactar, dele a cada uno un sobre e infórmeles de que les devolverá el texto dentro de un mes. Cierran el sobre y escriben su nombre en el anverso. Recoja los textos y guárdelos.

SEGUNDA CLASE

1 Devuélvales los sobres.

2 Permita que los alumnos le digan lo que quieran sobre el impacto de leer lo que escribieron hace un mes.

59 Cartas a uno mismo

NIVEL: A partir de Intermedio

DURACIÓN: 1.ª CLASE: 20 minutos
2.ª CLASE (*en la última clase del curso*): 15 minutos

PREPARACIÓN

Piense en algunas preguntas para que sus estudiantes las tengan en cuenta, ejemplo:

¿Son realistas mis metas en clase?

¿Cuánto tiempo y cuánta energía estoy dispuesto a invertir?

¿En qué punto me gustaría estar cuando se haya terminado el curso?

¿Cuánto de mí revelaría en clase?

¿Se comporta este profesor como otro que he tenido antes?

¿Habla mucho el profesor?

¿Por qué compañeros siento simpatía?

¿Con qué alumnos me resultaría duro trabajar?

¿A qué alumnos encuentro atractivos o interesantes?

¿Qué alumno se parece más a mí?

Estas preguntas son solo una guía aproximada y usted debería elegir las suyas con cuidado y en función de la clase.

PROCEDIMIENTO

PRIMERA CLASE

1 Pida a los alumnos que se relajen y se sienten tranquilamente. Si le parece apropiado en su situación docente, invíteles también a que cierren los ojos.

2 Plantéeles las preguntas que haya preparado.

3 Déjeles unos minutos para que piensen en estas preguntas.

4 Haga que escriban, en 15 minutos, una carta dirigida a ellos mismos contando lo que esperan del curso. Asegúrese de hacer hincapié en que las cartas son privadas y que nadie más las leerá.

59 Cartas a uno mismo

5 Reparta los sobres e indíqueles que deben escribir su nombre.

6 Recoja las cartas y guárdelas hasta la última clase del curso.

SEGUNDA CLASE (y última clase del curso)

7 Distribuya las cartas otra vez y deje tiempo para que los alumnos las lean.

8 Si quieren comentar el contenido, puede servir como base para una sesión de evaluación del curso.

NOTA

Es mejor que la primera clase tenga lugar solo después de que los estudiantes hayan tenido la oportunidad de presentarse, conocerse entre ellos y conocer al profesor.

Sección 6

Escritura general

60 Una redacción sin verbos

NIVEL: Intermedio bajo-Avanzado

DURACIÓN: 30-45 minutos

PREPARACIÓN

Prepárese para describir una casa en la que haya vivido, pero sin usar verbos. Algo así como: *Techos altos, típica de finales del siglo XIX. Muy tranquila. Un poquito de ruido en una parte de la casa pero tranquila en el resto. Muy espaciosa y fresca en verano…*

PROCEDIMIENTO

1 Pida a los alumnos que escuchen con atención lo que usted va a contar a continuación; deben decirle qué categoría gramatical no está usando. Luego, describa la casa que quiera **sin usar verbos**.

2 Compruebe que los estudiantes se han dado cuenta de la omisión. Después, cada uno realiza una descripción de media página sobre una casa que conozca bien pero sin usar verbos. (Lo compartirán en grupos).

3 En grupos de cuatro o cinco alumnos, escuchan los textos de los demás.

ALTERNATIVA

El mismo ejercicio se puede hacer con la descripción física, la biografía o el currículum de una persona.

FUNDAMENTO

Se trata de un ejercicio de conciencia sintáctica: ayuda a darse cuenta del papel que desempeña una parte del discurso cuando se está obligado a evitarla. Trabajar solo con sintagmas nominales altera la forma en la que se piensa y se produce, e ilustra el hecho de que la limitación arbitraria puede en realidad fomentar la creatividad.

AGRADECIMIENTO

Aprendimos este ejercicio de Paul Matthews, *Sing me the Creation*, Hawthorn Press, 1994.

61 Diálogo en un diálogo

NIVEL: Intermedio

DURACIÓN: 30-40 minutos

PREPARACIÓN

Elija un diálogo apropiado para la clase; puede ser del libro de texto o uno que haya escrito un estudiante con anterioridad.

PROCEDIMIENTO

1. Divida la clase en dos grupos, A y B.
2. Anime a dos alumnos a que salgan al frente de la clase y deles un diálogo que leerán en voz alta; uno asumirá el papel de A y el otro de B.
3. Los estudiantes elegidos leen el diálogo a una velocidad normal. El Grupo A escribe lo que el alumno A dice en el diálogo y el Grupo B anota lo del alumno B. Los estudiantes trabajan individualmente y anotan todo lo que puedan. Con una clase de nivel bajo, podría ser necesario leer el diálogo dos veces.
4. Los alumnos tienen un momento para comparar y completar su mitad del diálogo con los demás del grupo.
5. Trabajando individualmente y usando la mitad del diálogo que tienen, los estudiantes se inventan la otra parte. Así y en una nueva hoja de papel, los miembros del grupo A escriben la parte del interlocutor B y el grupo B escribe la del interlocutor A. Esto se puede hacer como ellos quieran y **no tiene por qué parecerse al original**. (Indíqueles que lo representarán delante de la clase).
6. En parejas (uno del grupo A y otro del grupo B), permítales que utilicen solamente la hoja de papel en la que han escrito el texto nuevo. Después, crean un nuevo diálogo usando lo que han escrito. Una vez hayan hecho los cambios necesarios en el nuevo diálogo lo representan en clase.

62 Diferentes formas de pensar en el mismo objeto

NIVEL: Elemental-Avanzado

DURACIÓN: 30-40 minutos

PREPARACIÓN

Llévese media docena de objetos a clase, por ejemplo: un bolso, una tetera, una piedra, una rama pequeña, etc.

PROCEDIMIENTO

1 Ponga los objetos en una superficie y escriba estas instrucciones en la pizarra:

Elige uno de los objetos y escribe sobre él:

– Tres frases ***tristes***

– Tres frases ***falsas***

– Tres frases ***claras*** *y* ***objetivas***

– Tres frases ***muy simples****, como si tuvieras cinco años*

– Tres frases como ***si tuvieras 90 años***

Escribe tres de estos grupos de frases en tu lengua materna.

Escribe los otros dos grupos de frases en español.

Dígales que compartirán sus oraciones con la clase.

2 Déjeles suficiente tiempo para que escriban. Cuando hayan terminado, en parejas, pídales que intercambien sus hojas y luego traduzcan las frases de la lengua materna del compañero al español. Anime a la pareja a colaborar. Esté disponible para ayudarlos.

3 Reagrupe a los estudiantes de acuerdo a los objetos sobre los que han escrito y pídales que hagan circular las versiones en español de sus textos.

NOTA

Si se trata de una clase con varias lenguas maternas, puede ser que algunos alumnos se queden solos (es decir; nadie más habla su lengua materna). En ese caso, en el paso 2 señalado arriba, traducirán sus propias frases de su lengua materna al español.

62 Diferentes formas de pensar en el mismo objeto

AGRADECIMIENTO

Agradecemos esta actividad a Martin Matthews en *Sing me the Creation*, Hawthorn Press, 1994 y a la tradición pedagógica Waldorf fundada por Rudolf Steiner.

63 Caerse

NIVEL:	Intermedio bajo-Avanzado
DURACIÓN:	40-50 minutos

PREPARACIÓN

Escriba una página sobre una caída que recuerde y haga una copia para dársela a la clase.

PROCEDIMIENTO

1 Lleve a cabo una lluvia de ideas y pida a los estudiantes que escriban en la pizarra todas las caídas que han tenido. Aquí tiene algunos ejemplos que puede añadir a los suyos:

Caerse de una sillita
Caerse de un barco
Caerse por las escaleras
Caerse de un columpio
Caerse de un muro
Caerse de un trampolín
Caerse de un caballo

2 Entrégueles su texto para que lo lean.

3 Pídales que trabajen individualmente y hagan una lista con las caídas que han sufrido a lo largo de su vida.

4 Luego, cada alumno elige una de esas situaciones y escribe una página contando la caída desde un punto de vista externo: un vecino, un amigo, alguien que pasaba por allí, el caballo... Anímeles a que usen su imaginación para añadir detalles. (Se expondrá en clase).

5 Los alumnos pegan lo que han redactado en las paredes del aula y a continuación vuelven inmediatamente a su silla.

6 En grupos de tres, comentan cómo y por qué han elegido esa caída en particular. Después cuentan la historia tal y como la vivieron ellos.

7 Ahora se levantan y leen los textos originales que están en la pared.

64 De la emoción a la situación

NIVEL:	Elemental-Avanzado
DURACIÓN:	40-50 minutos

PREPARACIÓN

No necesita.

PROCEDIMIENTO

1 Pida a los alumnos que trabajen individualmente y hagan una lista de emociones. Ejemplos:

- Alegría
- Celos
- Miedo
- Sorpresa
- Enfado
- Veneración

2 En grupos de cuatro, comparan y enriquecen sus listas.

3 Ahora individualmente, tachan de la lista cualquier emoción que hayan experimentado con poca frecuencia.

4 En parejas, invíteles a que hablen sobre ocasiones en las que hayan experimentado una o dos de las emociones que quedan en sus listas.

5 Anímeles a que compartan también que sensaciones asocian con cada una de esas emociones: una voz, una música, una imagen, un olor, un sabor...

6 Individualmente, escriben una página sobre un momento en el que experimentaron una de esas emociones vívidamente. (Se compartirán con su grupo).

7 Vuelven a ponerse en equipos de cuatro, como ya habían hecho antes, y se leen los textos.

AGRADECIMIENTO

Este ejercicio proviene de la tradición Gurdjieff, concretamente de *On Love and Psychological Exercises*, de A.R. Orage, Samuel Weiser Inc, 1998.

65 Del poema a la historia

NIVEL: Avanzado

DURACIÓN: 45 minutos

PREPARACIÓN

Una copia del siguiente poema para cada estudiante.

El sueño

Si el sueño fuera (como dicen) una
tregua, un puro reposo de la mente,
¿por qué, si te despiertan bruscamente,
sientes que te han robado una fortuna?

¿Por qué es tan triste madrugar? La hora
nos despoja de un don inconcebible,
tan íntimo que solo es traducible
en un sopor que la vigilia dora

de sueños, que bien pueden ser reflejos
truncos de los tesoros de la sombra,
de un orbe intemporal que no se nombra

y que el día deforma en sus espejos.
¿Quién serás esta noche en el oscuro
sueño, del otro lado de su muro?

(*Libro de Sueños*, Antología de Jorge Luis Borges, 1976).

Era un niño que soñaba

Era un niño que soñaba
un caballo de cartón.
Abrió los ojos el niño
y el caballito no vio.

Con un caballito blanco
el niño volvió a soñar;
y por la crin lo cogía...
¡Ahora no te escaparás!

65 Del poema a la historia

Apenas lo hubo cogido,
el niño se despertó.
Tenía el puño cerrado.
¡El caballito voló!

Quedose el niño muy serio
pensando que no es verdad
un caballito soñado.
Y ya no volvió a soñar.

Pero el niño se hizo mozo
y el mozo tuvo un amor,
y a su amada le decía:
¿Tú eres de verdad o no?

Cuando el mozo se hizo viejo
pensaba: Todo es soñar,
y el caballito soñado
y el caballo de verdad.

Y cuando le vino la muerte,
el viejo a su corazón
preguntaba: ¿Tú eres sueño?

¡Quién sabe si despertó!

Antonio Machado

PROCEDIMIENTO

1 Ponga la palabra *sueño* en la pizarra y anime a los alumnos a que escriban unas 10-15 palabras que asocien con los sueños. (Lo compartirán en grupos).

2 En grupos de cuatro, comparten sus palabras.

3 Reparta el poema y lo leen en silencio. En equipos de cuatro, comentan qué palabras de sus listas se corresponden con el contenido del poema.

4 Individualmente, escriben una historia usando las palabras e ideas que han salido durante la charla. (Lo volverán a compartir en grupos).

5 Déjeles tiempo para que cada uno lea su redacción al grupo y todos las comenten.

66 Dar significado a una historia

NIVEL: Elemental

DURACIÓN: 1.ª CLASE: 15-20 minutos
2.ª CLASE: 40 minutos

PREPARACIÓN

1.ª CLASE: no necesita.
2.ª CLASE: pida a una de sus clases de español más avanzadas que traduzca al español los textos escritos en la primera clase. Necesitará comprobar las traducciones antes de devolverlas.

PROCEDIMIENTO

PRIMERA CLASE

1 Hable con los estudiantes sobre lo que les gustaría escribir; principalmente dependerá de la edad, el bagaje cultural y los intereses del grupo. El tema general, ya sea deportes, animales domésticos o lo que les gusta comer, se establece para todos. Sin embargo, la forma de tratarlo dependerá de cada uno de los alumnos.

2 Escriben una página en su lengua materna. Dígales que otros estudiantes leerán lo que han escrito.

3 Recoja los textos.

SEGUNDA CLASE

4 Devuélvales los textos escritos en su lengua materna y las traducciones al español hechas por los estudiantes de la otra clase.

5 Haga que copien la versión española del texto que habían escrito en su lengua materna. Deben elegir el diseño y los materiales de escritura, e ilustrar el texto como quieran. Si dispone de medios, pueden optar por hacerlo en el ordenador.

6 En parejas, intercambian los textos en español. Anime al escritor de la historia a que ayude al lector con lo que no entienda.

AGRADECIMIENTO

Aprendimos esta técnica de Jane Voss en un taller en Hannover.

67 Hábitos que ya no tengo

NIVEL:	Elemental
DURACIÓN:	40 minutos

PREPARACIÓN

Haga memoria e intente recordar hábitos que ya no tiene. Para darle ideas, aquí tiene algunos que Mario ya no tiene:

- Fumar en pipa
- Ir en bici a la ciudad
- Hacer régimen
- Viajar por Europa en tren

PROCEDIMIENTO

1. Cuéntele a la clase cinco o seis hábitos que ya no tiene.
2. Pida a los alumnos que elijan tres hábitos que ya no tienen y que, individualmente, escriban un párrafo sobre cada uno. (Compartirán los textos en grupos).
3. En grupos de seis, leen los párrafos de los demás.

ALTERNATIVA

Invite a los estudiantes a que en lugar de trabajar con sus propios hábitos, lo hagan con los hábitos que sus padres y sus abuelos han abandonado a lo largo de la vida.

68 Recuerdo

NIVEL:	Elemental-Intermedio
DURACIÓN:	20-30 minutos

PREPARACIÓN

Elija una época de su vida que le traiga buenos recuerdos. Prepárese para contarles a los alumnos algunas cosas...

... *que recuerda con mucha claridad,*

... *que recuerda a medias,*

... *de las que tiene una noción abstracta, pero de las que no recuerda detalles concretos.*

PROCEDIMIENTO

1 Escriba en la pizarra las tres categorías anteriores. Cuénteles a los estudiantes sus recuerdos más claros, lo que recuerda a medias y las cosas que solo recuerda vagamente.

2 Individualmente, escriben 12 frases sobre los recuerdos de una buena época de su vida usando una o más categorías.

3 Pida a los alumnos que subrayen la frase que más les guste de las 12 y coménteles que será expuesta. Cada estudiante escribe su frase en la pizarra y añade su nombre; reúnalos a todos alrededor de la pizarra. (Si se trata de una clase numerosa, haga que salgan a la pizarra en tandas).

4 Después, circulan por la clase para recabar más información sobre las frases que les interesen.

5 Finalmente, anime a los alumnos a que corrijan cualquier error de tipo lingüístico que aparezca en la pizarra.

AGRADECIMIENTO

Este ejercicio está tomado de *Sing me the Creation*, Paul Matthews, Hawthorn Press, 1994.

69 Carta a uno mismo en el futuro

NIVEL:	Elemental-Avanzado
DURACIÓN:	30-40 minutos

PREPARACIÓN

No necesita.

PROCEDIMIENTO

1 Como precalentamiento, pida a los alumnos que cierren los ojos y se imaginen a ellos mismos en un momento futuro; podría ser en un año exactamente. Deben visualizarse en un trabajo y entorno familiar posibles, prestando especial atención a su aspecto y a lo que llevan puesto.

2 Devuélvalos a la realidad de la clase. En parejas, hablan con su compañero sobre cómo se ven y se perciben en este momento futuro.

3 Cada alumno se escribe una carta a él mismo en el momento futuro. Debe comenzar así; *Querido/a Hermano/a Mayor*: (Dígales que las cartas serán expuestas en clase).

4 Cada miembro de la pareja le lee a su compañero la carta que ha escrito.

5 Pida a los estudiantes que pongan sus cartas en las paredes y lean algunas de ellas.

NOTA

Encontrará muchas más actividades del tipo «viaje en el tiempo» en *Letters*, de Burbidge *et alli.*, Oxford, 1996.

70 Lista de poemas

NIVEL: Elemental-Avanzado

DURACIÓN: 10-20 minutos

PREPARACIÓN

No necesita.

PROCEDIMIENTO

1 Dicte a la clase el siguiente poema. Escriba las palabras difíciles en la pizarra y explíquelas o tradúzcalas sobre la marcha.

Antes era nieve pero ahora soy hielo.

Antes era una nariz pero ahora soy un estornudo.

Antes era un tigre, pero ahora soy una alfombra.

Antes me ponía la comida en el pelo, pero ahora me la meto en el estómago.

Antes era profesor pero ahora soy una ballena parlante.

Antes era un muñeco de nieve pero ahora soy un charco.

2 Saque a un estudiante a la pizarra para que actúe como «secretario» mientras sus compañeros le vuelven a dictar el poema. Deje que los alumnos detecten los errores de ortografía que el secretario cometa.

3 Pida a los alumnos que escriban su propio poema *Antes pero ahora* en 12 líneas. Ayúdelos con las palabras que no conozcan en español. (Compartirán sus poemas en pequeños grupos).

4 En grupos de cuatro, comentan y disfrutan sus poemas.

ALTERNATIVA 1

Invite a los estudiantes a que escriban sus propios poemas *Cuando estoy solo,* basados en este modelo de un grupo de alumnos de 11 años:

Cuando estoy solo lucho contra los ninjas

Cuando estoy solo juego con mis hamsters

Cuando estoy solo lucho con mi almohada

Cuando estoy solo me aburro tanto que dibujo gente rara.

70 Lista de poemas

ALTERNATIVA 2

Pida a los estudiantes que escriban poemas *Cosas que me vuelven loco*, como en el modelo:

Gente que habla demasiado
Gente que ríe demasiado
Gente que ríe escandalosamente
Padres que se preocupan demasiado
Actuar como alguien que no eres
Mis amigos
Novios
Miedo
Comportarse mal
Bancos
Supermercados
Verduras variadas…

(Yolanda Spivey, sexto de primaria)

ALTERNATIVA 3

Pida a los estudiantes que escriban poemas *Qué triste es ver*, basados en este modelo:

Qué triste es ver que el verano se va
Ver que los pájaros se alejan volando
Ver que las mariposas mueren en primavera
Ver que mi mejor amigo se muda
Ver a la gente en la calle sin nada que comer
Ningún lugar al que ir, nada que hacer
Ver a María atragantarse con su bocadillo de jamón
Ver que tu madre descubre cuándo mientes
Ver a tu abuela enferma en el hospital.

(Escrito por un grupo de cinco chicas)

ALTERNATIVA 4

Pida a los estudiantes que escriban poemas *Tranquilos*:

Los restaurantes son tranquilos cuando la gente tiene una cita
Un motel es muy tranquilo

70 Lista de poemas

La oscuridad es siempre tranquila
Una serpiente es silenciosa
Una hormiga es tranquila
Es tranquilo el parque
Una luz es tranquila
Una ventana es tranquila
Es tranquilo cuando vas solo a tu casa
Es tranquilo cuando tu madre está durmiendo
Los conejos son tranquilos
Es tranquila la iglesia
El invierno es tranquilo
Los momentos que transcurren lentamente son tranquilos…

(Escrito por un grupo de tercero de primaria)

ALTERNATIVA 5

Si sus estudiantes están en un nivel avanzado, pídales que escriban un poema elogiando a una persona amada. Pueden tomar como modelo el poema de André Breton:

Mi mujer de cabellera de llamas de leña
De pensamientos de relámpagos de calor
De talle de reloj de arena
Mi mujer de talle de nutria entre los dientes del tigre
Mi mujer de boca de escarapela y de ramo de estrellas
de última magnitud
De dientes de huellas de rata blanca sobre la tierra blanca
De lengua de ámbar y de cristal frotados
Mi mujer de lengua de hostia apuñalada
De lengua de muñeca que abre y cierra los ojos
De lengua de piedra increíble
Mi mujer de pestañas de palotes de escritura de niño

(Versión de Manuel Álvarez Ortega)

AGRADECIMIENTO

Encontramos estos textos en *The List Poem*, Larry Fagin, Teachers's and Writers' Cooperative , 1991.

71 Hacer listas de cosas que hago

NIVEL:	Intermedio bajo-Avanzado
DURACIÓN:	1.ª CLASE: 30 minutos 2.ª CLASE (*un mes después*): 40 minutos

PREPARACIÓN

No necesita.

PROCEDIMIENTO

PRIMERA CLASE

1 Escriba los siguientes títulos (o la selección de títulos que quiera hacer para su clase) en la pizarra:

Cosas que me gusta hacer ahora

Cosas que se supone debería hacer ahora

Cosas que no me gustaba hacer antes pero ahora sí

Cosas que he hecho recientemente

Cosas que me alegra haber dejado de hacer

En niveles avanzados puede añadir también estos títulos:

Cosas que hace años los demás querían que hiciera

Cosas que no es probable que haga nunca

Cosas que es probable que haga dentro de poco tiempo

Cosas que a mis padres les habría gustado que yo hubiera hecho

2 Pida a los alumnos que trabajen individualmente y escriban cinco frases bajo cada título. (Compartirán el texto con un compañero).

3 Recoja los textos, corríjalos por encima y guárdelos.

SEGUNDA CLASE

4 Devuélvales el primer texto para que puedan añadir nuevas frases en cada título.

5 Cada estudiante lee los textos a un par de compañeros.

71 Hacer listas de cosas que hago

6 Para una puesta en común, puede pedir que en cada grupo seleccionen dos o tres frases para exponer a toda la clase.

AGRADECIMIENTO

Adaptada de *The Therapist's Toolbox*, Susan Carrel, Sage 2001.

72 Yo en el dibujo

NIVEL:	Elemental-Intermedio
DURACIÓN:	30-40 minutos

PREPARACIÓN

No necesita.

PROCEDIMIENTO

1. Haga un «dictado de un dibujo». Debe ser una descripción sencilla y sin detalles. Esto les dará la libertad de hacer su propia interpretación. Ejemplo:

   Dibujad dos árboles; uno a la izquierda y otro en la mitad de la hoja.

   Dibujad una casa al lado del árbol de la derecha que está en la mitad de la hoja.

   Dibujad a una persona entre los dos árboles.

   Dibujad un pájaro en el árbol de la izquierda.

   Dibujad a una chica asomándose por detrás del árbol que está en la mitad de la hoja.

   Dibujad unas flores delante de la casa.

2. Pida a los alumnos que se dibujen a ellos mismos en cualquier lugar de la hoja. (Los dibujos serán expuestos en clase).
3. Luego, escriben un párrafo debajo del dibujo imaginando el papel que representan en la escena.
4. Cuelgue los dibujos en la pared para que todos los miren y lean.

73 Poemas con nombres

NIVEL: Intermedio-Avanzado

DURACIÓN: 45 minutos

PREPARACIÓN

No necesita.

PROCEDIMIENTO

1 Proponga a los estudiantes temas que puedan servirles de preparación para un futuro texto o para la próxima unidad del libro, ejemplo *la primavera* o *Pascua*.

2 Escriben su nombre en la parte superior de una hoja tamaño A4 y luego se la intercambian con otra persona de la clase.

3 Usando el nombre del compañero, escriben un poema acróstico. Supongamos que el nombre es *María* y el tema es *la primavera*.

M*añana hermosa de abril,*
A*nsia de ver el campo en flor,*
R*íos, bosques, parques sin fin.*
I*mpaciencia de la lluvia y aparición del sol*
A*mor que se renueva una y otra vez por ti.*

Déjeles claro que todos los poemas se leerán en clase.

4 Ponga los poemas en la pared para que todos los lean o utilícelos para hacer un libro de clase.

74 Reaccionar ante una lectura

NIVEL: Intermedio-Avanzado

DURACIÓN: 45-50 minutos

PREPARACIÓN

Prepárese para explicarles a los alumnos un poco sobre el *Satí*, la costumbre hindú en la que la viuda se quema viva en la pira funeraria de su marido. Piense en cuáles son sus sentimientos sobre esta práctica.

PROCEDIMIENTO

1 Explique la práctica india del *Satí* a la clase. Expréseles también sus propios sentimientos sobre esta práctica.

2 Dicte el siguiente pasaje a la clase con una voz relajada y optimista.

Durante los preparativos para que la quemen viva, la viuda aparece feliz.

Habla con los espectadores. Inmediatamente antes de su inmolación, se le entrega un espejo. Se mira en él y ve su vida pasada y futura, y se lo narra a la multitud. Cree en la reencarnación. Cuando se enciende la hoguera, arde sin signos de dolor. El acto no parece forzado; nadie la había atado a la pira funeraria.

(Adaptado de *Thinking Through Cultures*, p.15, Richard Shweder, Harvard University Press, 1991).

3 Pida a cada estudiante que escriba una página como reacción a la descripción anterior. Déjeles 10-15 minutos para hacerlo y dígales que podrán mantenerlo en privado si lo desean.

4 Indíqueles que subrayen la frase más significativa del texto que han escrito. Para una puesta en común final puede pedirles que compartan las frases subrayadas con sus compañeros.

Como alternativa a este texto, puede plantear en clase cualquier otro texto breve sobre un tema controvertido o que responda a la actualidad o a intereses de sus estudiantes: el uso del pañuelo islámico en España, el derecho a morir dignamente o los controles de seguridad en los aeropuertos, por ejemplo.

75 Escenas que ilustran sentimientos

NIVEL:	Intermedio bajo-Intermedio alto
DURACIÓN:	30 minutos

PREPARACIÓN

Haga una copia del siguiente pasaje para cada alumno.

Vimos a gente discutiendo. «Enfado», dije.

Vimos a una mujer poniendo comida en un altar. «Respeto», dije.

Vimos a un ladrón con la cabeza encerrada en un yugo: «Vergüenza», dije.

Vimos a una niña sentada al lado del río que estaba tirando una vieja red con agujeros en una parte poco profunda. «Esperanza», dije.

Más tarde, ella señaló a un hombre que estaba intentando meter un barril que era demasiado grande por una puerta que era demasiado pequeña. «Esperanza», dijo.

Pero para mí aquello no era esperanza; era estupidez, serrín en el cerebro.

PROCEDIMIENTO

1. Reparta el pasaje entre los alumnos y pídales que lo lean.
2. Escriba estas palabras en la pizarra: *Amor, tristeza, odio, alegría, miedo, alivio.*
3. Pida a los estudiantes que trabajen en parejas y elijan dos de los sentimientos, y que luego escriban un párrafo usando el modelo como ejemplo para describir una escena que los ilustre. (Lo compartirán en grupos).
4. En grupos de seis, leen en voz alta lo que han escrito.

NOTA

En una clase con diferentes nacionalidades es probable que surjan múltiples interpretaciones de las palabras y del tipo de escenas descritas para ilustrarlas.

AGRADECIMIENTO

La lectura ha sido ligeramente adaptada de *Los cien sentidos secretos*, Tusquets, 1996.

76 Escaleras que he conocido

NIVEL: Intermedio bajo-Avanzado

DURACIÓN: 20-30 minutos

PREPARACIÓN

Prepárese para hablarle a la clase de escaleras que recuerda o escaleras que son importantes para usted actualmente. Este texto de Mario puede darle ideas:

Había unas escaleras de caracol rojas que llevaban a la azotea de la casa de mi padre en Gales. Estaban fuera. Mientras las subías la vista cambiaba constantemente: el mar, las montañas, la ladera que partía desde nuestra casa... la verdad es que no me permitían subir solo..., pero subía.

En Valdivia, Chile, había una larga escalera de peldaños altos que bajaba desde la calle principal hasta mi casa en la ribera. Había varios tipos de rellanos o escalones más largos que hacían menos empinada la subida desde la casa. Teníamos suerte de que nuestra rutina consistiera en bajar y no en subir las escaleras con la compra y otras cosas. Después del golpe de estado de Pinochet en Chile, un soldado armado se ponía a menudo en el primer escalón.

Pero, evidentemente, son los recuerdos de las escaleras del profesor los que interesarán a los estudiantes.

PROCEDIMIENTO

1. Hábleles a los alumnos de dos o tres escaleras que conoce o ha conocido. Si le gusta dibujar, sería una buena idea hacer un dibujo rápido.
2. Pídales que trabajen en grupos de cuatro y hablen de escaleras que conocen o han conocido.
3. Después de este ejercicio oral de calentamiento, invite a cada alumno a que escriba sobre unas escaleras que considere especialmente importantes. (Los textos serán expuestos).
4. Distribuya los textos por las paredes del aula para que todos puedan leerlos.

76 Escaleras que he conocido

ALTERNATIVAS

Otras áreas interesantes para este tipo de escritura son:

- Ocasiones en las que me he despertado de repente.
- Mi experiencia con el fuego.
- Ocasiones en las que he sido una víctima.
- Mi historia encontrando cosas que he perdido.

FUNDAMENTO

El aburrimiento en las clases de lengua puede provenir de repetir en la L2 lo que ya hemos pensado y dicho muchas veces en la L1. Sin embargo, los temas expuestos anteriormente son cosas sobre las que la mayoría de los alumnos nunca habrán pensado sistemáticamente en su L1, y esto significa que escribir sobre ellas en español tendrá una cierta frescura y generará interés en clase.

77 Cosas que han perdido su poder

NIVEL: Intermedio-Avanzado

DURACIÓN: 30-40 minutos

PREPARACIÓN

Fotocopie la siguiente lectura:

Un gran barco que con todo su porte está, seco, en una caleta con marea descendente. Una mujer que se ha quitado su peluca para peinar el poco pelo que le queda. Un gran árbol que ha sido derribado por un ventarrón y que yace de costado con sus raíces al aire. La figura en retirada de un luchador de sumo que ha sido derrotado. Un hombre sin importancia que reprime a un criado. Un hombre viejo que se quita el sombrero, dejando a la vista su escasa coleta. Una mujer que, disgustada con su marido por un asunto baladí, abandona su casa y se va a algún lugar para esconderse. Está segura de que él se lanzará a buscarla, pero él no hace nada de esto y muestra la más exasperante indiferencia. Como ella no puede permanecer allí para siempre, se traga su orgullo y vuelve.

(De *El libro de la Almohada*, de Sei Shonagon. Traducción de Amalia Sato).

PROCEDIMIENTO

1 Realice una lluvia de ideas en clase sobre las «cosas que han perdido su poder». Saque a un alumno a la pizarra que vaya tomando nota de lo que los demás sugieren.

2 Pida a cada estudiante que escriba una frase sobre algo que ha perdido su poder; coménteles que lo compartirán en grupos.

3 En grupos de seis alumnos, se leen las frases.

4 Reparta la lectura.

78 Diálogo entre Cenicienta y la hermana fea

NIVEL: Elemental-Intermedio

DURACIÓN: 20-30 minutos

PREPARACIÓN

No necesita.

PROCEDIMIENTO

1 Pida a los alumnos que escriban un diálogo de 14 líneas entre Cenicienta y la hermana fea. Cuando escriban el papel de la hermana fea, lo harán con la mano con la que escriben habitualmente, y escribirán el papel de Cenicienta con la otra. (Es probable que se quejen por la dificultad que implica escribir con la otra mano). Dígales que compartirán los diálogos en grupos.

2 Cuando vayan por la mitad, pídales que cambien de mano, de manera que escriban el papel de Cenicienta con la mano buena y el de su hermana con la otra.

3 En grupos de cuatro o cinco, leen los diálogos.

ALTERNATIVA

Haga lo mismo pero sin elegir personajes para la mano derecha o izquierda. El diálogo se desarrolla simplemente entre las dos manos.

FUNDAMENTO

Simbólicamente, este ejercicio centra la mente del estudiante en ser una persona poderosa o una persona carente de autoridad. Los personajes que se expresan a través de la mano buena tendrán un sentido de fluidez y fuerza, mientras ocurre lo contrario con el personaje que escribe con la otra mano.

AGRADECIMIENTO

Aprendimos esta técnica de Bonnie Tsai, de Pilgrims.

79 ¿Qué ocurrió?

NIVEL:	Intermedio bajo-Intermedio alto
DURACIÓN:	1.ª CLASE: 10-15 minutos 2.ª CLASE: 30 minutos

PREPARACIÓN

Haga una copia de las siguientes lecturas de manera que cada alumno tenga una.

PROCEDIMIENTO

PRIMERA CLASE

1 Reparta una copia de los textos que vienen a continuación y pida a los alumnos que los lean.

2 Recabe las reacciones de los alumnos. ¿Ha habido alguna vez desavenencias sobre recuerdos en sus familias? ¿Les suenan las lecturas?

3 Como deberes, pida a los estudiantes que hablen con sus familias sobre momentos en los que hayan recordado cosas de distinta manera. Su tarea consiste en escribir un breve informe sobre acontecimientos que los diferentes miembros de la familia no recuerden igual.

SEGUNDA CLASE

4 En grupos de cinco, anímeles a que se lean en voz alta los deberes.

5 Cada alumno pega su informe en las paredes de clase; déjeles unos 10 minutos para que todos los miembros de la clase los lean y no solo los del grupo.

6 Puesta en común.

79 ¿Qué ocurrió?

TRES LECTURAS

La versión del abuelo (Enrique)

Lo recuerdo con mucha claridad. Timoteo estaba muy entusiasmado con su idea de viajar a Madrid con nosotros. Corrió hacia ti, Catalina, con un papel en el que había escrito lo que podíamos hacer en el viaje y cuándo podía ir él. Le apartaste con un gesto, muy tensa, y le dijiste: «estoy demasiado disgustada como para discutirlo contigo».

La versión de la madre (Catalina)

El abuelo y Timoteo se sentaron a la mesa emocionados planeando un viaje a Madrid, ignorando el hecho de que el hermano de Timoteo estaba sentado cerca y se sentía dolido porque lo estaban excluyendo de los planes. Mi padre y Timoteo se acercaron completamente obsesionados con su idea, querían hablar de posibles fechas para el viaje. Yo estaba muy irritada porque mi padre hubiera pasado por alto los sentimientos del hermano pequeño de Timoteo, y también me enfadaba que estuviera haciendo ilusionarse a Timoteo con un gran viaje sin haberlo hablado primero conmigo, que soy su madre.

La versión de Timoteo

Yo quería ir a Madrid. El abuelo estaba entusiasmado con la idea y empezamos a planearlo. Cuando fuimos a hablar con mamá de las fechas del viaje, dijo que tendríamos que discutirlo más tarde.

(Estas lecturas están tomadas de *Context is Everything*, p. 19, Susan Engel, W.H. Freeman, 1999).

80 Mi escena favorita

NIVEL: Intermedio-Avanzado

DURACIÓN: Dependerá del número de alumnos (40-50 minutos)

PREPARACIÓN

No necesita.

PROCEDIMIENTO

1 Primera clase: pida a los alumnos que busquen (en internet, en un dvd...) una escena de una película que les guste muy especialmente. Deberán traerla a clase al día siguiente, presentarla a todo el grupo y explicar: por qué han elegido esa escena, qué les llama la atención, cuándo la vieron por primera vez, etc. La escena no debe durar más de tres minutos. Pídales que traigan también una foto o imagen de esa escena, que pueden imprimir desde internet.

2 Segunda clase: cada alumno proyecta la escena y explica sus razones para la elección. Otro alumno debe tomar notas sobre lo que va explicando el estudiante, igual que si fueran apuntes en una clase de cine. El profesor puede decidir qué alumno toma notas de qué exposición o puede ser una decisión de los estudiantes, pero lo importante es que al final todos hayan tomado notas de lo que cuenta un compañero.

3 Después de que todos hayan expuesto sus escenas y todos hayan tomado notas sobre las explicaciones de algún compañero, los alumnos disponen de 15 minutos para escribir un texto, a partir de las notas que han tomado, sobre la escena descrita por el compañero. Pídales que lo hagan en la hoja A3 donde previamente se han pegado las fotos correspondientes de cada escena.

4 La hoja vuelve al estudiante que eligió y presentó al escena para que añada alguna información más que considere relevante.

5 Se exponen todos los textos en la clase.

NOTA

En grupos numerosos se puede hacer en diferentes días. En cada sesión 5 o 6 alumnos exponen sus fragmentos de películas.

80 Mi escena favorita

ALTERNATIVA

Esta actividad se puede hacer también pidiendo a los estudiantes que elijan su canción favorita o un cuadro especialmente importante para ellos para presentarlos en clase.

AGRADECIMIENTO

Esta actividad está basada en una idea original de los profesores Antonio Perales y Carmen Higueras.

81 Si no hubiera…

NIVEL:	Avanzado
DURACIÓN:	30 minutos

PREPARACIÓN

No necesita.

PROCEDIMIENTO

1 Pida a los alumnos que escriban en un trozo de papel algún hecho de su vida del que estén particularmente orgullosos (tener un hijo, aprender español, cambiar de trabajo, bailar bien, hacer un deporte…).

2 En otro papel tienen que redactar ahora sobre algún hecho de su vida que cambiarían si pudieran (tener un accidente, rechazar una oferta de trabajo, enfadarse con un amigo, no haber preparado bien un examen…). Haga que firmen ambos papeles.

3 Recoja todos los papeles y haga dos montones sobre la mesa del profesor. Los alumnos deben coger un papel de cada montón que no sea ninguno de los que han escrito ellos.

4 Pida a cada alumno que escriba un párrafo partiendo de la frase que tiene en su papel, imaginando una vida distinta para sus autores en la actualidad, de esta forma:

«Si Susan no hubiera cambiado de trabajo hace un año…».

«Si Yannis no hubiera dejado de estudiar inglés hace diez años…».

5 Los alumnos pasan los papeles al compañero de su izquierda, leen lo que ha escrito el compañero y escriben un párrafo más en cada uno de los nuevos papeles que reciben.

6 Los textos escritos se vuelven a poner sobre la mesa del profesor, cada alumno recoge los que corresponden a sus frases iniciales y los lee.

7 Para terminar invite a voluntarios a leer los fragmentos que más les hayan sorprendido. Pueden comentar también si les parece que la realidad se acercaría o no a lo imaginado por sus compañeros.

Sección 7

Edición

82 Cambia tu fuente

NIVEL: Elemental-Avanzado

DURACIÓN: 1.ª CLASE: 5 minutos
2.ª CLASE: 15 minutos

PREPARACIÓN

No necesita.

PROCEDIMIENTO

PRIMERA CLASE

1 Como deberes, pida a los estudiantes que vayan a un aula multimedia o usen su ordenador en casa y encuentren un texto de unas 10 líneas que les guste y trate sobre un tema que les interese. (Un buscador lo encontrará con facilidad). Propóngales que modifiquen la apariencia del texto en el ordenador; pueden jugar con el tipo de letra, la letra cursiva, la negrita, el tamaño de la letra, el subrayado, etc., para así resaltar, usando estas muestras visuales, la forma en la que piensan y sienten que el texto debe ser leído.

2 Explíqueles que este trabajo basado en fuentes será el preludio de un ejercicio de lectura que se hará en la próxima clase. Pídales que lleven a clase su texto impreso, que compartirán en pequeños grupos.

SEGUNDA CLASE

3 En grupos de cuatro, pídales que lean sus textos al grupo.

4 Intercambian los textos y luego, cada estudiante aporta una nueva lectura a partir de lo que le sugiera la tipografía.

5 Déjeles 5 minutos para que hagan una puesta en común.

AGRADECIMIENTO

Este ejercicio es el resultado de una sugerencia directa de John Morgan, autor de *Once Upon a Time*, CUP, 1988.

83 Elige tus adjetivos

NIVEL: Elemental-Intermedio bajo

DURACIÓN: 15-20 minutos

PREPARACIÓN

Seleccione una historia de entre 7 y 9 frases o un pasaje de una extensión similar extraído de una unidad del libro que todavía no se haya visto en clase. La historia **no debe contener adjetivos**; borre los que haya. Después, fotocópiela y reparta una por cada tres estudiantes.

PROCEDIMIENTO

1. Dé pistas a los alumnos sobre el contenido de la historia pero no les cuente todo el argumento.
2. Dígales que la historia carece de adjetivos y que van a añadirlos a partir de una lluvia de ideas. Un alumno sale a la pizarra y toma nota de los adjetivos que el resto de la clase le va diciendo en voz alta.
3. Haga grupos de tres y entrégueles la historia. Pídales que incorporen en ella todos los adjetivos de la pizarra que puedan. Compartirán sus historias con la clase.
4. Junte a varios grupos de tres para que lean en voz alta sus historias; ¡algunas pueden resultar divertidísimas!

AGRADECIMIENTO

Aprendimos esta técnica de un grupo de profesores suecos que hicieron un curso de formación en Pilgrims (Canterbury, RU) en junio de 1999.

84 Corregir los errores de escritura de sus alumnos indirectamente

NIVEL: Elemental-Avanzado

DURACIÓN: 10-20 minutos

PREPARACIÓN

Consígale a cada uno de sus estudiantes un amigo por correspondencia de otra clase de la misma escuela, de otra escuela del mismo país o de una escuela más lejana. Una vez que la correspondencia se haya puesto en marcha, pida a sus alumnos que le reenvíen un correo electrónico de su amigo por correspondencia que no les importe compartir con otras personas.

Seleccione media docena de textos escritos de esos amigos por correspondencia y elija errores que sus propios alumnos a menudo cometen cuando escriben. Copie los textos en una transparencia, proyéctelos desde el ordenador o imprímalos en una hoja tamaño A3 para exponerlos.

PROCEDIMIENTO

1 Exponga los textos en un retroproyector, proyectados desde el ordenador o colgados en las paredes de la clase.

2 Pase 15 minutos corrigiendo de forma explícita y clara los errores cometidos por los corresponsales.

AGRADECIMIENTO

Aprendimos esta efectiva técnica de corrección indirecta de un profesor español, Félix García de Salmón; él la usaba hace muchos años con correspondencia escrita a mano. Ahora las cosas son más inmediatas.

85 Editar un poema

NIVEL:	Elemental-Intermedio
DURACIÓN:	25-40 minutos

PREPARACIÓN

Haga copias del siguiente texto, una por alumno.

Una abuela es una señora que no tiene hijos propios, por lo que le gustan los niños y niñas de otras personas. Las abuelas no tienen nada que hacer excepto estar allí. Si nos llevan a dar un paseo, aminoran el paso cuando pasan por delante de hojas bonitas y orugas. Nunca dicen; «date prisa». Normalmente son gordas aunque no tanto como para no poder atarnos los zapatos.

Llevan gafas y a veces pueden quitarse la dentadura.

Pueden responder preguntas como por ejemplo por qué los perros odian a los gatos y por qué Dios no está casado.

Las abuelas son los únicos adultos que siempre tienen tiempo.

PROCEDIMIENTO

1 Invite a los estudiantes a que cierren los ojos y luego léales el texto lentamente. Pídales que levanten la mano cuando oigan partes que no entiendan. Es posible que tenga que leer el texto dos veces. Observe las áreas de dificultad: analice las palabras difíciles; que los alumnos se las expliquen unos a otros cuando sea posible.

2 Lea el pasaje de nuevo, esta vez como un dictado.

3 Reparta copias del texto entre los alumnos para que puedan corregir los errores que hayan cometido.

4 Acláreles que el texto fue escrito por una niña de ocho años que pensaba en su abuela. Anime a sus alumnos a que piensen en una de sus abuelas u otra abuela que conozcan y cambien el texto, de forma que sea verdad para la persona en la que están pensando. Proponga también que enriquezcan el texto con cinco frases más de su propia cosecha, las cuales se pueden colocar en la parte del escrito que quieran. Deben saber que se compartirán en grupos.

5 Forme grupos de cuatro estudiantes para que lean y comenten los nuevos textos.

85 Editar un poema

FUNDAMENTO

Algunos colegas pueden cuestionar el uso del dictado en esta actividad en vez de simplemente repartir entre los alumnos copias del texto. Sin embargo, el dictado permite que el estudiante asimile el texto lentamente, se meta en él y lo considere con atención. El mecanismo de compararlo con su propia experiencia se pone en marcha mientras escriben aun antes de pedirles que hagan ninguna comparación.

AGRADECIMIENTO

El texto está tomado de *Sing me the Creation*, Paul Matthews, Hawthorn Press, 1994.

86 Editar un relato

NIVEL:	Intermedio bajo-Avanzado
DURACIÓN:	1.ª CLASE: 3 minutos 2.ª CLASE: 50 minutos

PREPARACIÓN

Para la primera clase: encuentre un relato de unas 3 o 4 páginas adecuado al nivel de comprensión de sus alumnos, y haga una copia para cada uno.

Para la segunda clase: lleve a clase varias tijeras, celo, pegamento y un bolígrafo corrector.

PROCEDIMIENTO

PRIMERA CLASE

1 Reparta la historia entre los estudiantes, pídales que la lean en casa y busquen palabras importantes que no conozcan.

2 Invite a los alumnos a que lleven a la segunda clase tijeras, celo o pegamento y un bolígrafo corrector.

SEGUNDA CLASE

3 Explique que van a editar el texto, cortando cosas que no les gusten, añadiendo las que crean que son necesarias, cambiando el orden de otras en la historia, etc. Si lo considera útil, puede darles nuevos contextos para la adaptación del texto: una edición para niños, una edición para una revista de modas, una edición para la revista de la parroquia, para un folleto publicitario, etc.

4 Pídales que trabajen individualmente o en parejas; tienen 40 minutos para hacerlo. Infórmeles de que pueden cortar y pegar el texto de la forma que quieran. Lo compartirán en grupos.

5 Forme pequeños grupos para que intercambien sus textos.

ALTERNATIVA

Si tiene acceso a un aula multimedia, es con diferencia el mejor lugar para llevar a cabo este tipo de trabajo. Para ello, necesita tener el texto en formato digital (y, por supuesto, puede olvidarse de las tijeras, etc.).

Guía de referencia rápida para el profesor

Para usar esta tabla, decida el tiempo de clase del que dispone y búsquelo en la columna de la izquierda. Luego, sitúese en la cuadrícula hasta que localice la columna donde se muestra el nivel de sus estudiantes. (O empiece por el nivel de sus alumnos y continúe con el tiempo).

Cualquier celda en la que figura una actividad le ofrece una propuesta útil para clase. Y en esa misma fila, la celda en la columna de la derecha indica dónde encontrarla.

N.B.: La primera vez que se pone en práctica cada una de estas tareas, puede llevar un poco más de tiempo del indicado, especialmente hasta que usted y sus alumnos se acostumbren a una nueva forma de trabajo.

<table>
<tr><th>TIEMPO DE CLASE (en min)</th><th>ELEMENTAL</th><th>INTERMEDIO BAJO</th><th>INTERMEDIO</th><th>INTERMEDIO ALTO</th><th>AVANZADO</th><th>SECCIÓN</th><th>UNIDAD</th></tr>
<tr><td>10-20</td><td colspan="5">Escritura rápida</td><td>1</td><td>13</td></tr>
<tr><td>10-20</td><td colspan="5">Lista de poemas</td><td>6</td><td>70</td></tr>
<tr><td>10-20</td><td colspan="5">Corregir los errores de escritura de sus alumnos indirectamente</td><td>7</td><td>84</td></tr>
<tr><td>15-20</td><td colspan="2">Elige tus adjetivos</td><td></td><td></td><td></td><td>7</td><td>83</td></tr>
<tr><td>15-25</td><td colspan="3">Una frase a partir de un dibujo</td><td></td><td></td><td>1</td><td>5</td></tr>
<tr><td>20</td><td></td><td></td><td colspan="3">Prepararse para escribir sobre diferentes tareas de limpieza</td><td>1</td><td>2</td></tr>
<tr><td>20</td><td colspan="3">Yo te enseño mi casa y tú la describes</td><td></td><td></td><td>2</td><td>31</td></tr>
<tr><td>20-30</td><td></td><td colspan="4">Cartas en las que los alumnos hablan de ellos mismos como escritores</td><td>1</td><td>1</td></tr>
<tr><td>20-30</td><td></td><td></td><td>Vivo</td><td></td><td></td><td>1</td><td>12</td></tr>
<tr><td>20-30</td><td></td><td></td><td colspan="3">Diálogos entre víctima, perseguidor y rescatador</td><td>4</td><td>49</td></tr>
<tr><td>20-30</td><td colspan="3">Recuerdo</td><td></td><td></td><td>6</td><td>68</td></tr>
<tr><td>20-30</td><td></td><td colspan="4">Escaleras que he conocido</td><td>6</td><td>76</td></tr>
<tr><td>20-30</td><td colspan="3">Diálogo entre Cenicienta y la hermana fea</td><td></td><td></td><td>6</td><td>78</td></tr>
<tr><td>20-40</td><td colspan="5">Historias de tres</td><td>2</td><td>29</td></tr>
<tr><td>20-40</td><td colspan="5">La familia feliz</td><td>3</td><td>39</td></tr>
<tr><td>20-40</td><td colspan="5">Silla feliz, silla triste</td><td>5</td><td>55</td></tr>
<tr><td>25-40</td><td colspan="3">Editar un poema</td><td></td><td></td><td>7</td><td>85</td></tr>
<tr><td>30</td><td></td><td colspan="4">Un comienzo creativo para una redacción</td><td>1</td><td>3</td></tr>
<tr><td>30</td><td colspan="3">Lluvia de cartas</td><td></td><td></td><td>1</td><td>4</td></tr>
<tr><td>30</td><td colspan="5">De palabra a palabra</td><td>1</td><td>10</td></tr>
<tr><td>30</td><td colspan="3">Seré tú por un día</td><td></td><td></td><td>2</td><td>23</td></tr>
<tr><td>30</td><td colspan="3">Reinventar la realidad a partir de unas fotos</td><td></td><td></td><td>2</td><td>26</td></tr>
<tr><td>30</td><td></td><td colspan="3">Escenas que ilustran sentimientos</td><td></td><td>6</td><td>75</td></tr>
<tr><td>30</td><td></td><td></td><td></td><td></td><td>Si no hubiera…</td><td>6</td><td>81</td></tr>
<tr><td>30-40</td><td></td><td></td><td>Un viaje para recordar</td><td></td><td></td><td>1</td><td>6</td></tr>
<tr><td>30-40</td><td colspan="5">Títulos de capítulos para mi autobiografía</td><td>1</td><td>7</td></tr>
<tr><td>30-40</td><td colspan="5">Cosas que me han escrito</td><td>1</td><td>16</td></tr>
<tr><td>30-40</td><td colspan="5">Tú, más joven</td><td>2</td><td>17</td></tr>
<tr><td>30-40</td><td></td><td></td><td colspan="3">Escribir para otro</td><td>2</td><td>21</td></tr>
<tr><td>30-40</td><td colspan="3">Manos</td><td></td><td></td><td>2</td><td>22</td></tr>
<tr><td>30-40</td><td colspan="5">Preguntas con y sin respuesta</td><td>2</td><td>25</td></tr>
<tr><td>30-40</td><td colspan="3">Historias en grupo</td><td></td><td></td><td>3</td><td>36</td></tr>
<tr><td>30-40</td><td colspan="3">Palabras para un texto</td><td></td><td></td><td>3</td><td>37</td></tr>
<tr><td>30-40</td><td></td><td></td><td colspan="3">La frase escondida</td><td>3</td><td>40</td></tr>
<tr><td>30-40</td><td colspan="5">De las palabras al poema</td><td>3</td><td>41</td></tr>
<tr><td>30-40</td><td colspan="3">«Los días de la semana» escriben a «los meses del año»</td><td></td><td></td><td>4</td><td>42</td></tr>
<tr><td>30-40</td><td colspan="3">Una mano falsa</td><td></td><td></td><td>4</td><td>43</td></tr>
</table>

<table>
<tr><th>TIEMPO DE CLASE (en min)</th><th>ELEMENTAL</th><th>INTERMEDIO BAJO</th><th>INTERMEDIO</th><th>INTERMEDIO ALTO</th><th>AVANZADO</th><th>SECCIÓN</th><th>UNIDAD</th></tr>
<tr><td>30-40</td><td>De un dibujo en grupo a escribir un diálogo</td><td></td><td></td><td></td><td></td><td>4</td><td>44</td></tr>
<tr><td>30-40</td><td></td><td colspan="4">Adivinar la respuesta</td><td>4</td><td>47</td></tr>
<tr><td>30-40</td><td colspan="5">Opiniones sobre una casa</td><td>4</td><td>50</td></tr>
<tr><td>20-40</td><td></td><td colspan="4">Escribir a un personaje</td><td>4</td><td>51</td></tr>
<tr><td>30-40</td><td colspan="5">Escribir a los estilos de música</td><td>4</td><td>52</td></tr>
<tr><td>30-40</td><td colspan="5">Diálogo escrito en dos direcciones</td><td>4</td><td>53</td></tr>
<tr><td>30-40</td><td colspan="5">Tu dibujo, mi historia</td><td>4</td><td>54</td></tr>
<tr><td>30-40</td><td></td><td></td><td colspan="3">Una experiencia que conduce a la escritura intrapersonal</td><td>5</td><td>56</td></tr>
<tr><td>30-40</td><td></td><td></td><td>Diálogo en un diálogo</td><td></td><td></td><td>6</td><td>61</td></tr>
<tr><td>30-40</td><td colspan="5">Diferentes formas de pensar en el mismo objeto</td><td>6</td><td>62</td></tr>
<tr><td>30-40</td><td colspan="5">Carta a uno mismo en el futuro</td><td>6</td><td>69</td></tr>
<tr><td>30-40</td><td colspan="3">Yo en el dibujo</td><td></td><td></td><td>6</td><td>72</td></tr>
<tr><td>30-40</td><td></td><td></td><td colspan="3">Cosas que han perdido su poder</td><td>6</td><td>77</td></tr>
<tr><td>30-45</td><td></td><td></td><td>Ampliar frases</td><td></td><td></td><td>2</td><td>19</td></tr>
<tr><td>30-45</td><td colspan="3">Tal como éramos</td><td></td><td></td><td>2</td><td>30</td></tr>
<tr><td>30-45</td><td></td><td></td><td colspan="3">Mismo suceso; diferentes puntos de vista</td><td>4</td><td>46</td></tr>
<tr><td>30-45</td><td></td><td></td><td colspan="3">El todo escribe a las partes</td><td>4</td><td>48</td></tr>
<tr><td>30-45</td><td></td><td colspan="4">Una redacción sin verbos</td><td>6</td><td>60</td></tr>
<tr><td>40</td><td colspan="3">Fantasía de unas vacaciones en grupo</td><td></td><td></td><td>3</td><td>35</td></tr>
<tr><td>40</td><td>Hábitos que ya no tengo</td><td></td><td></td><td></td><td></td><td>6</td><td>67</td></tr>
<tr><td>40-45</td><td></td><td></td><td>Todo el mundo colabora</td><td></td><td></td><td>3</td><td>33</td></tr>
<tr><td>40-50</td><td></td><td colspan="3">La técnica del «sándwich story»</td><td></td><td>2</td><td>27</td></tr>
<tr><td>40-50</td><td></td><td></td><td colspan="3">Cosas que se dicen o se oyen en unas vacaciones</td><td>2</td><td>28</td></tr>
<tr><td>45</td><td></td><td></td><td colspan="3">Conceptos</td><td>1</td><td>8</td></tr>
<tr><td>45</td><td></td><td></td><td></td><td></td><td>Del poema a la historia</td><td>6</td><td>65</td></tr>
<tr><td>45</td><td></td><td></td><td colspan="3">Poemas con nombres</td><td>6</td><td>73</td></tr>
<tr><td>40-50</td><td></td><td colspan="4">Caerse</td><td>6</td><td>63</td></tr>
<tr><td>40-50</td><td colspan="5">De la emoción a la situación</td><td>6</td><td>64</td></tr>
<tr><td>45-50</td><td></td><td></td><td colspan="3">Reaccionar ante una lectura</td><td>6</td><td>74</td></tr>
<tr><td>40-50</td><td></td><td></td><td colspan="3">Mi escena favorita</td><td>6</td><td>80</td></tr>
<tr><td>45-60</td><td></td><td></td><td>Dibujar un texto</td><td></td><td></td><td>2</td><td>18</td></tr>
<tr><td>45-60</td><td></td><td></td><td colspan="3">Un personaje extra</td><td>3</td><td>32</td></tr>
<tr><td>45-60</td><td></td><td></td><td colspan="3">Escribir una historia basada en las noticias</td><td>3</td><td>38</td></tr>
<tr><td>50-60</td><td colspan="5">De mis pensamientos a nuestros pensamientos</td><td>1</td><td>9</td></tr>
<tr><td>50-60</td><td></td><td></td><td>Perfiles</td><td></td><td></td><td>2</td><td>24</td></tr>
</table>

<table>
<tr><th>TIEMPO DE CLASE (en min)</th><th>ELEMENTAL</th><th>INTERMEDIO BAJO</th><th>INTERMEDIO</th><th>INTERMEDIO ALTO</th><th>AVANZADO</th><th>SECCIÓN</th><th>UNIDAD</th></tr>
<tr><td>2 + 40-50</td><td></td><td></td><td colspan="3">Mirarse en el espejo</td><td>4</td><td>45</td></tr>
<tr><td>3 + 50</td><td></td><td colspan="4">Editar un relato</td><td>7</td><td>86</td></tr>
<tr><td>5 + 2-5 + 15-20</td><td></td><td colspan="4">De la historia a las preguntas y de las preguntas a la historia</td><td>2</td><td>20</td></tr>
<tr><td>5 + 15</td><td colspan="5">¿Me gusta hacer esto?</td><td>5</td><td>57</td></tr>
<tr><td>5 + 15</td><td colspan="5">Cambia tu fuente</td><td>7</td><td>82</td></tr>
<tr><td>10-15 + 30</td><td></td><td colspan="3">¿Qué ocurrió?</td><td></td><td>6</td><td>79</td></tr>
<tr><td>15-20 + 40</td><td>Dar significado a una historia</td><td></td><td></td><td></td><td></td><td>6</td><td>66</td></tr>
<tr><td>20 + 15</td><td></td><td></td><td colspan="3">Cartas a uno mismo</td><td>5</td><td>59</td></tr>
<tr><td>20-30 + 5-10</td><td colspan="5">Mejorar la realidad</td><td>5</td><td>58</td></tr>
<tr><td>25 + 30</td><td></td><td></td><td colspan="3">Ampliar preguntas y respuestas</td><td>3</td><td>34</td></tr>
<tr><td>30 + 40</td><td></td><td colspan="4">Hacer listas de cosas que hago</td><td>6</td><td>71</td></tr>
<tr><td>45 + 45</td><td></td><td></td><td></td><td></td><td>Primeros pasos en la redacción de un escrito</td><td>1</td><td>11</td></tr>
<tr><td>45 + 45</td><td></td><td></td><td></td><td></td><td>Más pasos en la redacción de un escrito</td><td>1</td><td>14</td></tr>
<tr><td>45 + 45-60</td><td></td><td></td><td colspan="3">Escribir un resumen</td><td>1</td><td>15</td></tr>
</table>

Notas

NOTAS

NOTAS

NOTAS